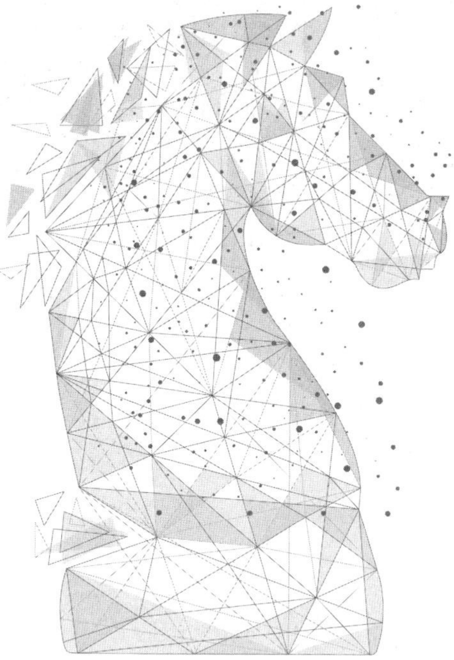

中等职业学校公共基础课程配套用书

数　学

（拓展模块 一）下册

学习指导与能力训练

主　　编：曹一鸣
分册主编：刘　静　曾善鹏
分册副主编：干琼宇　黄毅刚
参编人员：陈金涛　张晶强　全水聪

SHUXUE TUOZHAN MOKUAI YI XIACE
XUEXI ZHIDAO YU NENGLI XUNLIAN

北京师范大学出版集团
BEIJING NORMAL UNIVERSITY PUBLISHING GROUP
北京师范大学出版社

图书在版编目(CIP)数据

数学. 拓展模块一. 下册. 学习指导与能力训练/曹一鸣，刘静，曾善鹏主编 .—北京：北京师范大学出版社，2023.2(2025.12 重印)

ISBN 978-7-303-28587-7

Ⅰ. ①数… Ⅱ. ①曾… Ⅲ. ①数学课—中等专业学校—教学参考资料 Ⅳ. ①G634.603

中国版本图书馆 CIP 数据核字(2022)第 258655 号

出版发行：北京师范大学出版社 https://www.bnupg.com
北京市西城区新街口外大街 12-3 号
邮政编码：100088

印　　刷：保定市中画美凯印刷有限公司
经　　销：全国新华书店
开　　本：889 mm×1194 mm　1/16
印　　张：8.25
字　　数：169 千字
版　　次：2023 年 2 月第 1 版
印　　次：2025 年 12 月第 8 次印刷
定　　价：18.80 元(含试卷)

策划编辑：余娟平　林　子　　　责任编辑：余娟平
美术编辑：焦　丽　　　装帧设计：焦　丽
责任校对：陈　民　　　责任印制：赵　龙

读者服务电话：010-58806806

三、解答题(每题 10 分，共 40 分)

13. 已知复数 $z_1=a+(b-1)\mathrm{i}$ 与 $z_2=(b+1)+2a\mathrm{i}$ 相等，且 a，b 都是实数，求 a，b 的值。

14. 已知复数 $z_1=2+3\mathrm{i}$，$z_2=-1+2\mathrm{i}$，求 $z_1z_2^2$。

15. 已知实系数一元二次方程 $x^2-mx+n=0$ 的一个根是 $2+\mathrm{i}$，求 m，n 的值。

16. 已知复数 z 满足$(1+\mathrm{i})z=3+2\mathrm{i}$，求复数 z。

第七单元测试卷(二)

班级________姓名________

(满分 100 分，45 分钟)

一、选择题(每题 5 分，共 40 分)

1. 已知 $z=(a+2i)^2$(a 是正数)，若 z 是纯虚数，则 a 的值是(　　)。

A. 1　　B. 2　　C. 3　　D. 4

2. 复数 $z=(2i)^2$ 的实部是(　　)。

A. 4　　B. -4　　C. 0　　D. 2

3. 已知复数 $z=(m-2)+(m+1)i$ 所对应的点位于复平面的第二象限，则实数 m 的取值范围是(　　)。

A. $m>2$　　B. $m<-1$

C. $-1<m<2$　　D. $m<-1$ 或 $m>2$

4. 设复数 $z_1=2-5i$，$z_2=1+3i$，则 $z_1^2-z_2^2=$(　　)。

A. $13-26i$　　B. $-13+26i$

C. $13+26i$　　D. $-13-26i$

5. 设复数 $z_1=1-3i$，$z_2=2+i$，则 $z_1z_2{}^2=$(　　)。

A. $15+5i$　　B. $-15-5i$　　C. $-15+5i$　　D. $15-5i$

6. 复数 $z=2i-1$ 的模等于(　　)。

A. $\sqrt{5}$　　B. $\sqrt{3}$　　C. 1　　D. 5

7. $i+i^2+i^3+\cdots+i^{20}=$(　　)。

A. $5i$　　B. $-5i$　　C. 0　　D. 1

8. 实系数方程 $x^2-mx+1=0$ 有虚数解，则实数 m 的取值范围是(　　)。

A. $m>2$　　B. $m<-2$　　C. $-2<m<2$　　D. $m<-2$ 或 $m>2$

二、填空题(每题 5 分，共 20 分)

9. 复数 $m+(2m-1)i$ 是纯虚数，则 $m=$________。

10. 设复数 $z_1=3+4i$，$z_2=-2+5i$，则 $z_1^2-z_2=$________。

11. 若复数 $z_1=-1+2i$，$z_2=a+i$，且 z_1z_2 是实数，则 $a=$________。

12. 实系数一元二次方程 $x^2+mx+n=0$ 有一个根是 $-1+i$，则实数 $m=$________，$n=$________。

三、解答题(每小题 10 分，共 40 分)

13. 请写出从 a，b，c，d 四个元素中任取 2 个元素的所有排列。

14. 6 个人排成一排照相，其中有甲、乙、丙三人。

(1)甲、乙、丙必须在一起的排法有多少种？

(2)甲、乙、丙都不相邻的排法有多少种？

(3)甲不站在排头且乙不站在排尾的排法有多少种？

15. 已知$(x-1)^n$ 的展开式中的前三项系数之和为 28，求 n 的值。

16. 在$(2x-\sqrt{2})^4$ 的展开式中，求含 x^2 的项。

第八单元测试卷(二)

班级________姓名________

(满分100分，45分钟)

一、选择题(每小题5分，共40分)

1. 从A地到B地，可以走陆路也可以走水路，走水路可直达，一天中有3个班次的船可乘坐；走陆路则必须经过M处，从A地到M处有5条不同的路可选，从M处到B地有3条不同的路可选，则在一天内从A地到B地共有(　　)种不同的选择方式。

A. 2　　B. 11　　C. 18　　D. 45

2. 由数字0，2，3，4，5组成没有重复数字的四位数，其中偶数有(　　)个。

A. 48　　B. 60　　C. 72　　D. 120

3. 在50件产品中有48件合格品、2件次品，现从中任取3件进行检查，那么至少1件是次品的不同取法种数有(　　)种。

A. C_{50}^{3}　　B. $C_{48}^{2}C_{2}^{1}$　　C. $C_{48}^{1}C_{2}^{2}$　　D. $C_{48}^{2}C_{2}^{1}+C_{48}^{1}C_{2}^{2}$

4. 从5名男生和3名女生中选出3名代表参加学代会，要求必须有女生，那么共有(　　)种不同的选法。

A. 41　　B. 46　　C. 51　　D. 56

5. 如果4名男生和3名女生排成一排照像，规定两端不排女生，并且任意2名女生都不相邻，那么不同的排法有(　　)种。

A. A_{7}^{7}　　B. $A_{7}^{3}A_{7}^{4}$　　C. $A_{4}^{2}A_{5}^{5}$　　D. $A_{4}^{4}A_{3}^{3}$

6. 从6名志愿者中选出4名分别从事翻译、导购、导游、解说四项不同的工作，其中甲、乙两名志愿者不能从事翻译工作，则不同的选排方法共有(　　)种。

A. 96　　B. 180　　C. 240　　D. 280

7. $(1-x)^{5}$ 展开式中第4项是(　　)。

A. $C_{5}^{4}x^{4}$　　B. $-C_{5}^{4}x^{4}$　　C. $C_{5}^{3}x^{3}$　　D. $-C_{5}^{3}x^{3}$

8. $(1-x)^{9}$ 展开式中系数最小的项是(　　)。

A. 第1项　　B. 第5项　　C. 第6项　　D. 第10项

二、填空题(每小题5分，共20分)

9. 从10名学生中选出5名参加一个会议，其中甲、乙2人有且只有1人参加，则不同的选法种数有__________。(用数字填空)

A. $\frac{81}{125}$　　B. $\frac{54}{125}$　　C. $\frac{36}{125}$　　D. $\frac{27}{125}$

7. 从含有 7 件次品的 20 件产品中任意抽取 4 件，X 表示抽到次品的个数，则$\frac{C_7^3C_{13}^1+C_7^4}{C_{20}^4}$表示(　　)。

A. $P(X=3)$　　B. $P(X=4)$　　C. $P(X>3)$　　D. $P(X\geqslant 3)$

8. 设随机变量 X 等可能取值 1，2，3，…，n，如果 $P(X\leqslant 3)=0.6$，那么(　　)。

A. $n=3$　　B. $n=4$　　C. $n=5$　　D. $n=6$

二、填空题(每小题 5 分，共 20 分)

9. 投掷 1 枚骰子，设所掷点数是随机变量 ξ，则 $P(\xi>4)=$________。

10. 随机变量 X 的分布列为 $P(X=k)=\frac{k}{10}$，$k=1$，2，3，4，则 $P(1<X\leqslant 3)=$________。

11. 在某个游戏中，总共有 8 个角色，其中 3 个反面角色，随机抽取 2 个角色，都是反面角色的概率为________。

12. 已知随机变量 $X\sim N(2,\sigma^2)$，$P(X>0)=0.9$，则 $P(2<X\leqslant 4)=$________。

三、解答题(每小题 10 分，共 40 分)

13. 某设备在正常运行时，产品的质量服从正态分布，其参数为 $\mu=1\ 000$ g，$\sigma^2=1$。为了检验设备运行是否正常，质量检验员需要随机抽取产品，测量其质量。当检验员随机抽取 1 个产品，测得其质量为 1 007 g 时，他立即要求停止生产，检查设备。他的决定是否有道理呢？

14. 从学校乘汽车到火车站的途中有 3 个交通岗，假设在各个交通岗遇到红灯的事件是相互独立的，并且概率都为$\frac{1}{4}$。设 X 为途中遇到红灯的次数，求随机变量 X 的分布列。

15. 在一次运动会上，某运动员报名参加了其中 3 个项目的比赛。已知该运动员在这 3 个项目中，每个项目能打破纪录的概率都是$\frac{2}{3}$，那么在本次运动会上：

(1)求该运动员至少能打破 2 项纪录的概率；

(2)若该运动员能打破纪录的项目数为 X，求 X 的分布列及期望。

19 岁的高三年级男生的体重情况，抽查结果表明他们的体重 X(单位：kg)服从正态分布 $N(\mu, 4)$，且正态分布密度曲线如图所示。若体重大于 58 kg 且小于等于 62 kg 属于正常情况，则这 1 000 名男生中属于正常情况的人数约为(　　)人。

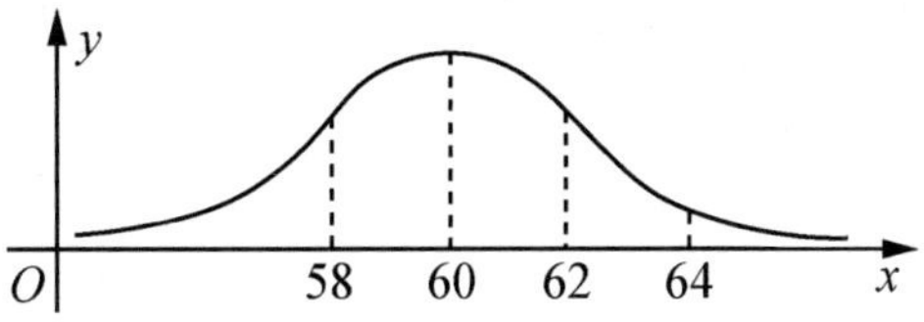

第 6 题图

A. 997　　B. 954　　C. 819　　D. 683

7. 已知随机变量 $X \sim N(2, \sigma^2)$，若 $P(X \leqslant 1-a)+P(X \leqslant 1+2a)=1$，则实数 $a=$(　　)。

A. 0　　B. 1　　C. 2　　D. 4

8. 设随机变量 $X \sim B(2, p)$，$Y \sim B(4, p)$，若 $P(X \geqslant 1)=\frac{5}{9}$，则 $P(Y \geqslant 2)=$(　　)。

A. $\frac{32}{81}$　　B. $\frac{16}{81}$　　C. $\frac{65}{81}$　　D. $\frac{11}{27}$

二、填空题(每小题 5 分，共 20 分)

9. 在某项测量中，测量结果 $X \sim N(1, \sigma^2)(\sigma>0)$，若 X 在 $(0, 1]$ 内取值的概率为 0.4，则 X 在 $(0, 2]$ 内取值的概率为________。

10. 如图是三个正态分布 $X \sim N(0, 0.25)$，$Y \sim N(0, 1)$，$Z \sim N(0, 4)$ 的密度曲线，则三个随机变量 X，Y，Z 对应曲线分别是图中的________，________，________。

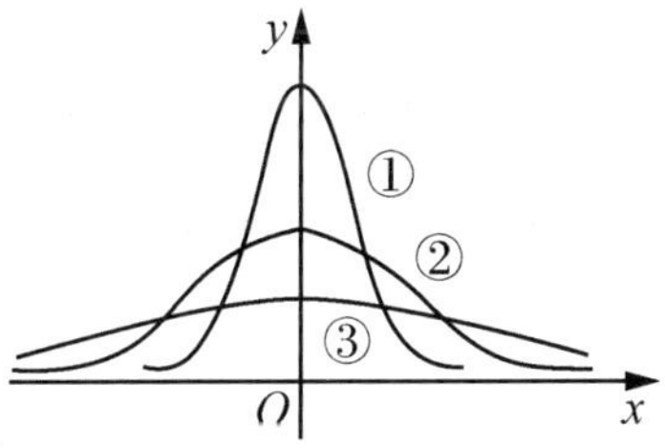

第 10 题图

11. 在 4 次独立重复试验中，随机事件 A 恰好发生 1 次的概率不大于其恰好发生 2 次的概率，则事件 A 在一次试验中发生的概率 P 的取值范围是________。

12. 甲、乙两队进行篮球决赛，采取五局三胜制，假设每一局比赛甲队获胜的概率为 $\frac{2}{3}$，乙队获胜的概率为 $\frac{1}{3}$。如果甲队先胜一局，则甲队赢下比赛的概率为________。

三、解答题(每小题 10 分，共 40 分)

13. 在一次测试中，测试结果 $X \sim N(2, \sigma^2)(\sigma>0)$，若 X 在 $(0, 2)$ 内取值的概率为 0.2，求：

(1)X 在(0，4)内取值的概率；

(2)$P(X>4)$。

14. 某广场上有 4 盏装饰灯，晚上每盏灯都随机地闪烁红灯或绿灯，每盏灯出现红灯的概率都是$\frac{2}{3}$，出现绿灯的概率都是$\frac{1}{3}$。记这 4 盏灯中出现红灯的数量为 X，当这 4 盏装饰灯闪烁一次时：

(1)求 $X=2$ 时的概率；

(2)求 X 的均值。

4. 蟋蟀鸣叫可以说是大自然优美、和谐的音乐，殊不知蟋蟀鸣叫的频率 x(每分钟鸣叫的次数)与气温 y(单位:℃)存在着较强的线性相关关系。某地观测人员根据如表的观测数据，建立了 y 关于 x 的一元线性回归方程 $\hat{y}=0.25x+k$，则下列说法不正确的是(　　)。

x/(次数/分)	20	30	40	50	60
y/℃	25	27.5	29	32.5	36

A. k 的值是 20

B. 变量 x 和 y 呈正相关关系

C. 若 x 的值增加 1，则 y 的值约增加 0.25

D. 当蟋蟀 52 次/分鸣叫时，该地当时的气温预报值为 33.5 ℃

5. 某学校为了调查学生一周在生活方面的支出情况，抽出了一个容量为 n 的样本，其频率直方图如图所示。其中支出在[50，60]内的学生有 60 人，则下列说法不正确的是(　　)。

A. 若该校有 2 000 名学生，则支出在[50，60]内的学生有 600 人

B. 样本中支出不少于 40 元的人数为 132 人

C. n 的值为 200

D. 样本中支出在[50，60]内的频率为 0.03

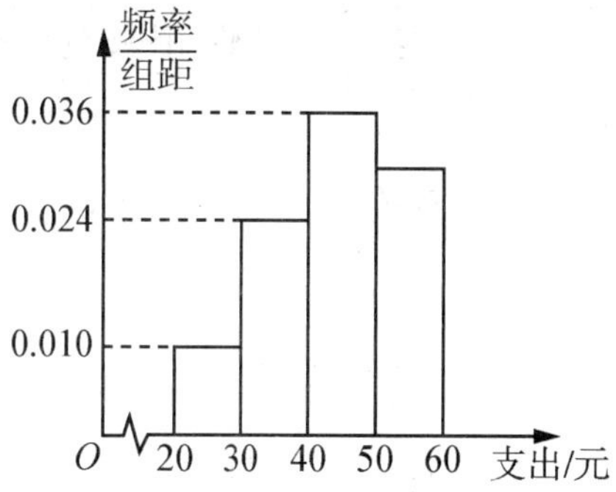

第 5 题图

6. 已知一组数据 x_1，x_2，x_3，x_4，x_5 的平均数为 2，方差为 $\frac{1}{2}$，则另一组数据 $3x_1-2$，$3x_2-2$，$3x_3-2$，$3x_4-2$，$3x_5-2$ 的平均数、方差分别为(　　)。

A. 2，$\frac{1}{2}$　　B. 2，1　　C. 4，$\frac{3}{2}$　　D. 4，$\frac{9}{2}$

7. 在某项体育比赛中，七位裁判为一选手打出的分数如下：90，89，90，95，93，94，93，去掉一个最高分和一个最低分后，所剩数据的平均数和方差分别为(　　)。

A. 92，2　　B. 92，2.8　　C. 93，2　　D. 93，2.8

8. 某校 100 名学生的数学测试成绩频率直方图如图所示，分数不低于 a(a 为整数)即为优秀。如果优秀的人数为 20 人，则 a 的估计值是(　　)。

A. 130　　B. 131

C. 132　　D. 133

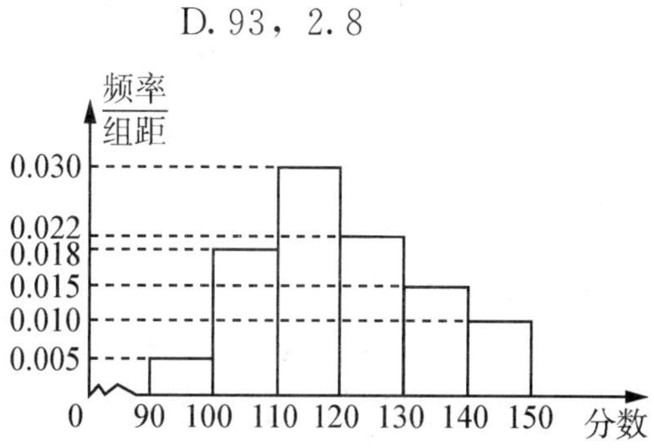

第 8 题图

二、填空题(每小题5分，共20分)

9. 一个样本的容量为72并且分成五组。已知第一、五组的频数都为8，第二、四组的频率都为$\frac{2}{9}$，则第三组的频数为________。

10. 若变量x和y满足关系$\hat{y}=-0.6x+1$且变量y与z正相关，则x与z是________相关。

11. 已知x与y之间的成对样本数据如下表：

x	0	1	2	3
y	1	3	5	7

若y与x是线性相关的，则y与x的一元线性回归方程$\hat{y}=\hat{b}x+\hat{a}$所表示的直线必过点________。

12. 现有一组数据：1，3，4，6，7，7，21，设中位数为a，众数为b，方差为s^2，则$a+b+s^2=$________。

三、解答题(每题10分，共40分)

13. 有一个容量为50的样本且数据的分组及各组的频数如下：[10，15)，4；[15，20)，5；[20，25)，10；[25，30)，11；[30，35)，9；[35，40)，8；[40，45]，3。

(1)求出样本中各组的频率；(2)画出频率直方图。

14. 甲、乙、丙三家电子厂商在广告中都声称，他们的某型电子产品在正常情况下的待机时间都是12 h，质量检测部门对这三家销售的该型电子产品的待机时间进行了抽样调查，统计结果(单位：h)如下。

甲：8，9，9，9，9，11，13，16，17，19；

乙：10，10，12，12，12，13，14，16，18，19；

丙：8，8，8，10，11，13，17，19，20，20。

(1)分别求出以上三组数据的平均数、众数、中位数。

5. 为庆祝中国共青团成立100周年，校团委举办了“学团史，知团情”知识竞赛，甲、乙两个班各派7名学生参加竞赛，测试成绩(单位：分，10分制)如图所示，则下列描述正确的是(　　)。

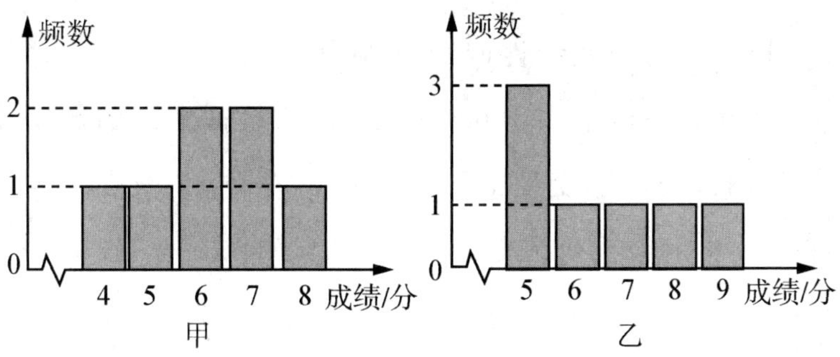

第5题图

A. 甲、乙两班选手成绩的极差不相等　　B. 甲、乙两班选手成绩的平均数相等

C. 甲、乙两班选手成绩的中位数相等　　D. 甲班选手成绩的方差大于乙班选手成绩的方差

6. 已知具有线性相关关系的两个变量 x，y 之间的一组数据如下表：

x	0	1	2	3	4
y	2.2	n	4.5	4.8	6.7

若一元线性回归方程是 $\hat{y}=0.95x+2.6$，则下列说法不正确的是(　　)。

A. n 的值是4.3　　B. 变量 x，y 呈正相关关系

C. 若 $x=6$，则 y 的值一定是8.3　　D. 若 x 的值增加1，则 y 的值约增加0.95

7. 某班有48名学生，在一次考试中统计出平均分为70分，方差为75，后来发现有2名学生的分数录错了，甲实得80分，却记成了50分，乙实得70分，却记成了100分，更正后平均分和方差分别是(　　)。

A. 70，75　　B. 70，50　　C. 75，1.04　　D. 65，2.35

8. 已知一组数据丢失了其中一个，剩下的六个数据分别是3，3，5，3，6，11，若这组数据的平均数与众数的和是中位数的2倍，则丢失的数据不可能是(　　)。

A. −10　　B. 4　　C. 12　　D. 18

二、填空题(每小题5分，共30分)

9. 某地为响应扶贫必扶智，扶智就是“扶知识、扶技术、扶方法”的号召，建立农业科技图书馆，供农民免费借阅，收集了近5年借阅数据如下表：

年份	2016	2017	2018	2019	2020
年份代码 x	1	2	3	4	5
年借阅量 y/万册	4.9	5.1	5.5	5.7	5.8

根据上表，可得 y 关于 x 的一元线性回归方程为 $y=0.24x+a$，则下列说法中正确的是________。①2021 年的借阅量一定不少于 6.12 万册；②根据上面的数据作出散点图，则 5 个点中至少有 1 个点在回归直线上；③变量 x 与 y 呈正相关关系；④$a=4.68$。

10. 将容量为 n 的样本中的数据分成 5 组后绘制频率直方图，若第 1 至第 5 个长方形的面积之比为 3∶3∶6∶2∶1，且最后两组数据的频数之和等于 20，则 n 的值等于________。

11. 为了研究某班学生的英语听力成绩 x(单位：分)与笔试成绩 y(单位：分)的关系，从该班随机抽取 20 名学生，根据散点图发现 x 与 y 之间有线性关系，设其一元线性回归方程为 $\hat{y}=\hat{b}x+\hat{a}$，已知 $\sum_{i=1}^{20}x_i=400$，$\sum_{i=1}^{20}y_i=1\ 580$，$\hat{a}=-1$，若该班某学生的听力成绩为 26 分，据此估计其笔试成绩约为________。

12. 某市物价部门对市区的 5 家商场的某件商品在 7 月 15 日一天销售量及其价格进行调查，5 家商场的售价 x(单位：元)和销售量 y(单位：件)之间的一组数据如下表：

价格 x/元	8.5	9	m	11	11.5
销售量 y/件	12	n	6	7	5

已知销售量 y 与价格 x 之间有较强的线性相关关系，其一元线性回归方程为 $\hat{y}=-3.2x+40$，且 $m+n=20$，则其中的 $m=$________。

13. 某校甲、乙两个班级各有 5 名编号为 1，2，3，4，5 的学生进行投篮练习，每人投 10 次，投中的次数如下表：

学生	1 号	2 号	3 号	4 号	5 号
甲班	6	7	7	8	7
乙班	6	7	6	7	9

则以上两组数据的方差中较小的一个为 $s^2=$________。

14. 某中学随机抽取部分高一年级学生调查其上学路上所需时间(单位：min)，并将所得数据绘制成频率直方图(如图)，其中上学路上所需时间的范围是[0，100]，样本数据分组为[0，20)，[20，40)，[40，60)，[60，80)，[80，100]。

(3)用(2)中的回归方程得到的与 x_i 对应的产品销量的估计值记为 $\hat{y}_i$($i=1$，2，…，6)。当 $|\hat{y}_i-y_i|\leqslant 1$ 时，则称(x_i，y_i)为一个"理想数据"。试确定销售单价分别为 4，5，6 时有哪些是"理想数据"。

A. $\frac{1}{20}$　　B. $\frac{1}{10}$　　C. $\frac{1}{5}$　　D. $\frac{3}{10}$

12. 在1，2，3，4，5，6这六个数字所组成的允许有重复数字的三位数中，其各个数字之和为10的三位数共有(　　)个。

A. 18　　B. 21　　C. 24　　D. 27

二、填空题(共7小题，每小题4分，共28分)

13. 已知复数$z=1-\mathrm{i}$，则复数z的模为________。

14. 在复平面内，复数$2-3\mathrm{i}+z$对应的点的坐标为(3，−2)，则z在复平面内对应的点位于第________象限。

15. 方程$3x^2+3x+2=0$的解为________。

16. $\left(x+\frac{3}{x}\right)^7$的展开式中，$x^5$的系数为________。

17. 由于受到疫情影响，某校决定实施学生佩戴口罩、间隔而坐的策略。已知一排有9个座位，每2名学生之间至少间隔1个空位。若一排要坐4名学生，则不同的坐法有________种。

18. 计算：$\mathrm{A}_4^2+\mathrm{C}_4^3=$________。

19. 若$\mathrm{A}_m^2=4\mathrm{C}_m^4$，则$m=$________。

三、解答题(共5小题，20，21，22题各8分，23，24题各10分，共44分)

20. 如图，一只蚂蚁沿着长方体的棱，从顶点A爬到相对顶点C_1，求其中经过3条棱的路线共有多少条？

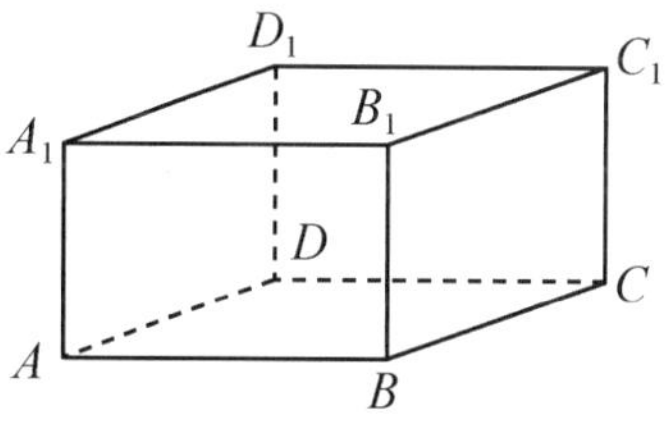

第20题图

21. 从2名女生，4名男生中选出3名参加垃圾分类宣传活动。

(1)共有多少种不同的选择方法？

(2)如果至少有1名女生入选，共有多少种不同的选择方法？

22. 已知$\left(\frac{a}{x^{2}}+\sqrt{x}\right)^{n}$($n\in\mathbf{N}^{*}$)的展开式中前3项的二项式系数之和等于29。

(1)求n的值;

(2)若展开式中x的一次项的系数为56，求实数a的值。

23. 计算：$\mathrm{i}+\mathrm{i}^{2}+\mathrm{i}^{3}+\cdots+\mathrm{i}^{2020}$。

24. 已知复数$z=1+\mathrm{i}$。设$\omega=z^{2}+3\bar{z}-4$，求$|\omega|$。

A. 第 4 项　　B. 第 5 项

C. 第 4 项或第 5 项　　D. 第 5 项或第 6 项

12. $1+2C_n^1+4C_n^2+8C_n^3+\cdots\cdots+2^nC_n^n=$（　　）。

A. 2^n　　B. 2^{n-1}　　C. 3^n　　D. 3^{n-1}

二、填空题(共 7 小题，每小题 4 分，共 28 分)

13. 已知 $z_1=7-\mathrm{i}$，$z_2=-3+3\mathrm{i}$，则 $z_1-z_2=$________。

14. 若复数 $z=1-m^2+(m-1)\mathrm{i}$ 是纯虚数，则实数 m 的值为________。

15. 若方程 $x^2+3x+c=0$ 有虚根，则实数 c 的取值范围是________。

16. 从 10 名同学中选出 4 名参加一个会议，其中甲、乙两人有且只有一人参加，则不同的选法种数是________。(用数字填空)

17. 从 1，3，5，7，9 中选取 3 个数字，从 2，4，6，8 中选取 2 个数字，共能组成________个没有重复数字的五位偶数。

18. 在 $(2x-\sqrt{2})^4$ 的展开式中，x^2 的系数是________。

19. 计算：$C_2^2+C_3^2+C_4^2+\cdots+C_{100}^2=$____________。

三、解答题

20. 计算：$(1-\mathrm{i})^2(3-4\mathrm{i})$。

21. 已知实系数一元二次方程 $ax^2+bx+3=0$ 的一个根为 $3+\mathrm{i}$，求 a，b 的值。

22. 已知复数 $z=m^2-5m-6-(m^2-9)i$ 在复平面内对应的点在第二象限，求实数 m 的取值范围。

23. (1)某职业学校的 4 名学生同时报考同一所高等职业技术学院，被录取的不同情况有多少种?

(2)若将这 4 名学生保送到三所高等职业技术学院，且要求每所学院至少有 1 人，则不同的保送方案可以有多少种?

10. 在 100 件产品中有 98 件合格品，2 件次品，现从中任取 3 件进行检查，那么至少 1 件是次品的不同取法有(　　)种。

A. C_{100}^{3}　　B. $C_{98}^{2}C_{2}^{1}$　　C. $C_{98}^{1}C_{2}^{2}$　　D. $C_{98}^{2}C_{2}^{1}+C_{98}^{1}C_{2}^{2}$

11. 5 个学生排成一列，其中小李和小徐不能站在一起，共有(　　)种不同的排法。

A. A_{4}^{4}　　B. $2A_{4}^{4}$　　C. $A_{3}^{3}A_{3}^{2}$　　D. $A_{3}^{3}A_{4}^{2}$

12. 在$(a-b)^{10}$的展开式中，第 4 项的二项式系数是(　　)。

A. C_{10}^{4}　　B. C_{10}^{3}　　C. $-C_{10}^{4}$　　D. $-C_{10}^{3}$

二、填空题(共 8 小题，每题 4 分，共 32 分)

13. 若 $C_{8}^{x}+C_{8}^{x-1}=C_{9}^{4}$，则 x 的值为________。

14. 设复数 $z_1=1+3i$，$z_2=-1+2i$，则 $z_1z_2=$________。

15. $(a+b)^{10}$的展开式共有________项，其中系数最大的项是第________项。

16. 电子商务公司对 1000 名网络购物者 2020 年度的消费情况进行统计，发现消费金额(单位：万元)都在区间[0.3，0.9]内，其频率直方图如图所示，在这些购物者中，消费金额在区间[0.5，0.9]内的购物者的人数为________。

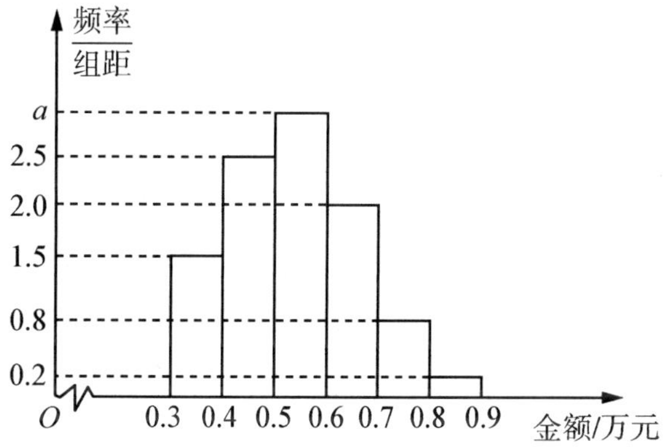

第 16 题图

17. 若 $\xi\sim B\left(3,\ \dfrac{1}{4}\right)$，则 $P(\xi\geqslant 2)=$________。

18. 圆周上有 10 个点，以任意三点为顶点画圆内接三角形，一共可以画________个。(用数字填空)

19. 由数字 0，1，2，3，4，5 组成没有重复数字的五位数中，比 31000 大的数有________个。(用数字填空)

20. 已知$(1-2x)^7=a_0+a_1x+a_2x^2+\cdots+a_7x^7$，则 $a_1+a_2+\cdots+a_7=$________。

三、解答题(共 40 分)

21. (6 分)请写出从 a，b，c 三个元素中任取 2 个元素的所有排列。

22.(4分)已知复数 z 满足 $(1-i)\cdot z=5+2i$，求复数 z。

23.(8分)某篮球运动员的投篮命中率是0.4，连续投篮2次，求命中次数 ξ 的分布列、期望、方差以及标准差。

24.(8分)甲、乙两位同学5次月考数学成绩如下表(满分100分)：

甲	80	92	95	90	93
乙	89	91	88	92	90

(1)分别计算两组数据的极差、平均数及方差；

(2)根据结果判断哪位同学的发挥更加稳定。

B. 不及格的考生人数为 1 000

C. 考生竞赛成绩的平均分约为 70.5 分

D. 考生竞赛成绩的中位数为 75 分

9. $(1-2x)^5$ 展开式中 x^3 的系数为(　　)。

A. -80　　B. 80　　C. -40　　D. 40

10. 如图所示，机器人明明从 A 点移到 B 点，每次只移动一个单位长度，则明明从 A 点移到 B 点最近的走法共有(　　)种。

A. 20　　B. 40

C. 60　　D. 80

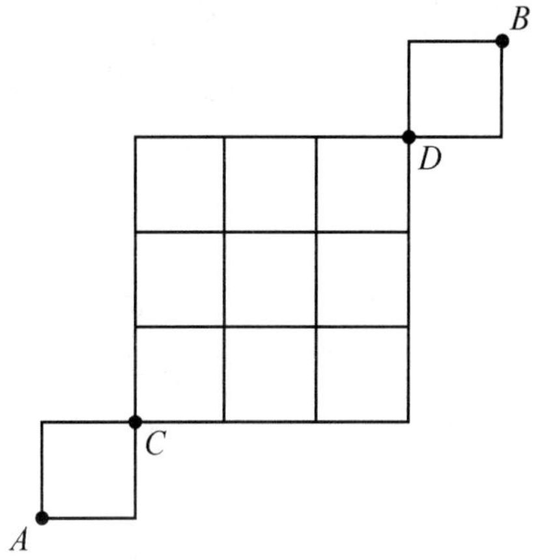

第 10 题图

11. 已知某工厂有 10 名工人在生产同一零件，且生产的零件数分别是 16，18，15，11，16，18，18，17，15，13，设其平均数为 a，中位数为 b，众数为 c，则有(　　)。

A. $a>b>c$　　B. $a>c>b$

C. $c>a>b$　　D. $c>b>a$

12. 同时抛掷 2 枚质地均匀的硬币 4 次，设 2 枚硬币均正面向上的次数为 X，则 X 的数学期望是(　　)。

A. 1　　B. 2　　C. $\frac{3}{2}$　　D. $\frac{5}{2}$

二、填空题(共 7 小题，每小题 4 分，共 28 分)

13. 在$(1-2x)^3$ 的展开式中，x 的系数为________。

14. 某会议有来自 6 个学校的代表参加，每个学校有 3 名代表。会议要选出来自 3 个不同学校的 3 人构成主席团，不同的选取方法数有________。

15. 某中等职业学校高一年级电子专业只有 2 个班，每班 50 人。在一次数学测试中，从两个班各抽取了 20 名学生的数学成绩进行分析，两班中各抽取的 20 名学生的平均成绩分别为 110 分和 106 分，则电子专业学生的平均成绩约为________分。

16. 在复数范围内方程 $x^2+2x+5=0$ 的解为____________。

17. 已知离散型随机变量 X 的分布列为

X	0	1	2
P	0.5	$1-2q$	q^2

则常数 $q=$________。

18. 从正方体的 8 个顶点中选取 4 个作为顶点，可得到四面体的个数为________。

19. 一个质点从原点出发，每秒末必须向右，或向左，或向上，或向下跳一个单位长度，则此质点在第 10 秒末到达点 $P(2, 6)$的跳法共有________种。

三、解答题(共 5 小题，20，21，22 题各 8 分，23，24 题各 10 分，共 44 分)

20.7 位同学站成一列，

(1)一共有多少种不同的排法？

(2)如果甲必须站在乙的前面，一共有多少种不同的排法？

(3)如果甲不站在排头，乙不站在排尾，一共有多少种不同的排法？

21. 已知 m，$n\in\mathbf{R}$，i 是虚数单位，若$(m-\mathrm{i})(1+\mathrm{i})=n\mathrm{i}$，求$|m-n\mathrm{i}|$。

22. 某市的 3 个区共有高中学生 20 000 人，且 3 个区的高中学生人数之比为 2∶3∶5. 现要从所有学生中抽取一个容量为 200 的样本，调查该市高中学生的视力情况。

(1)试写出抽样过程；

(2)若样本中 3 个区的高中学生的平均视力分别为 4.8，4.8，4.6，试估计该市高中学生的平均视力。

23. 某职业学校有 4 名学生申请 A，B，C 三所大学的自主招生。若每名学生只能申请其中一所大学，且申请其中任何一所大学是等可能的。

(1)求恰有 2 人申请 A 大学的概率；

(2)求被申请大学的个数 X 的概率分布列与数学期望$E(X)$。

24. 某中学为研究学生的身体素质与课外体育锻炼时间的关系，对该校 200 名学生的课外体育锻炼平均每天运动的时间(单位：min)进行调查，将收集的数据分成[0，10)，[10，20)，[20，30)，[30，40)，[40，50)，[50，60]六组，并作出频率直方图(如图)。将日均课外体育锻炼时间不低于 40 min 的学生评价为“课外体育达标”。

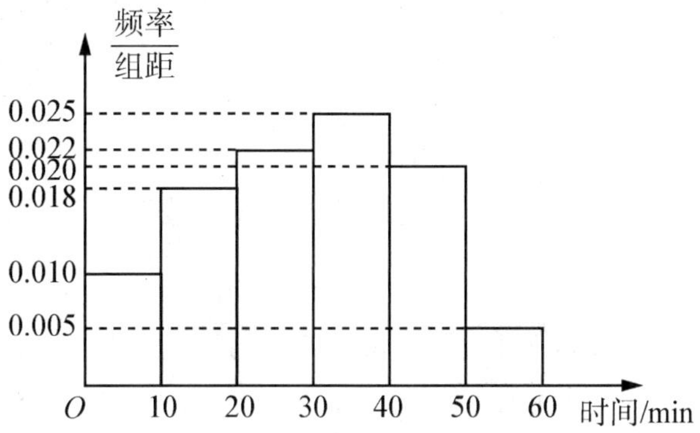

第 24 题图

(1)请根据直方图中的数据填写下面表格中对应情况的学生人数，并通过计算，判断是否能在犯错误的概率不超过 0.01 的前提下认为“课外体育达标”与性别有关。

	课外体育不达标	课外体育达标	总计
男	60		
女			110
总计			

(2)现按照“课外体育达标”与“课外体育不达标”进行分层随机抽样，抽取 8 人，再从这 8 名学生中随机抽取 3 人参加体育知识问卷调查。记“课外体育不达标”的人数为 ξ，求 ξ 的分布列和数学期望。

期末测试卷(水平二)

班级________姓名________

(满分 120 分，90 分钟)

一、选择题(共 12 小题，每小题 4 分，共 48 分)

1. 已知复数 $z_1=2+\mathrm{i}$，$z_2=-1+2\mathrm{i}$，则 z_1z_2 的虚部为(　　)。

A. -4　　B. 4　　C. 3　　D. 3i

2. 在复平面内，复数 $(1+\mathrm{i})\mathrm{i}$ 对应的点位于(　　)。

A. 第一象限　　B. 第二象限　　C. 第三象限　　D. 第四象限

3. 用 0，1，…，9 十个数字，可以组成无重复数字的三位数的个数为(　　)。

A. 1 000　　B. 720　　C. 648　　D. 504

4. 将 4 位志愿者分配到 3 个不同的社区服务，每个社区至少 1 人，不同的分配方案有(　　)种。

A. 72　　B. 36　　C. 64　　D. 81

5. 若等式 $1+x+x^2+x^3=a_0+a_1(1-x)+a_2(1-x)^2+a_3(1-x)^3$ 对一切 $x\in\mathbf{R}$ 都成立，其中 a_0，a_1，a_2，a_3 为常数，则 $a_0+a_1+a_2+a_3=$(　　)。

A. 2　　B. 1　　C. 4　　D. -1

6. $\left(2x-\dfrac{2}{3x^2}\right)^6$ 的展开式中 x^3 的系数为(　　)。

A. $-\dfrac{64}{3}$　　B. $-\dfrac{128}{81}$　　C. 64　　D. -128

7. 若 $\mathrm{C}_n^0+2\mathrm{C}_n^1+2^2\mathrm{C}_n^2+2^3\mathrm{C}_n^3+\cdots+2^n\mathrm{C}_n^n=729$，则 $\mathrm{C}_n^1+\mathrm{C}_n^2+\mathrm{C}_n^3+\cdots+\mathrm{C}_n^n=$(　　)。

A. 63　　B. 64　　C. 31　　D. 32

8. 在某次高中学科知识竞赛中，对 4 000 名考生的参赛成绩进行统计，可得到如图所示的频率直方图，其中分组的区间为[40，50)，[50，60)，[60，70)，[70，80)，[80，90)，[90，100)，60 分以下(不含 60 分)视为不及格。若同一组中数据用该组区间中间值作代表值，则下列说法中错误的是(　　)。

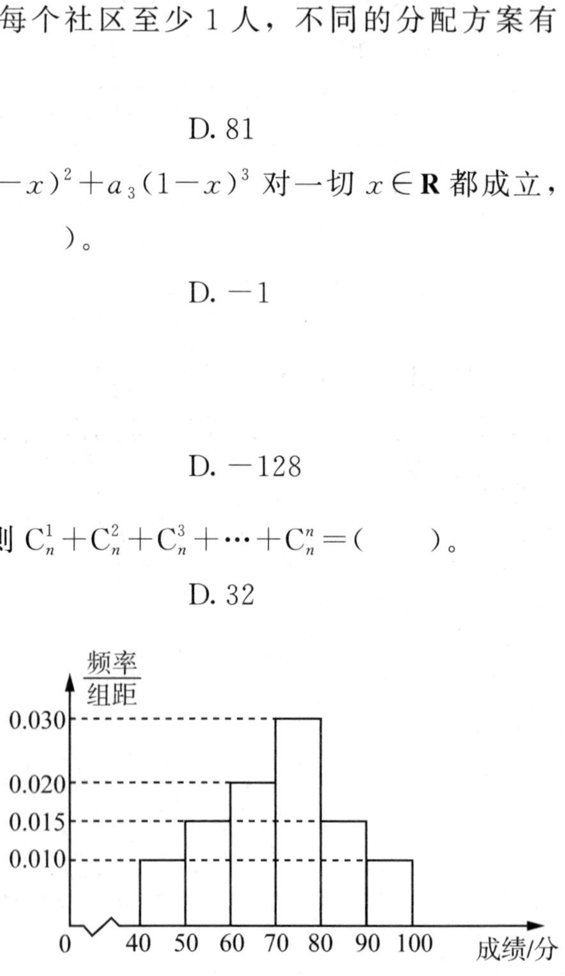

第 8 题图

A. 成绩在[70，80)的考生人数最多

25.(6 分)已知$(x-1)^n$ 的展开式中的前三项系数之和为 28，求 n 的值。

26.(8 分)求$\left(\sqrt{x}-\dfrac{2}{x}\right)^6$ 的展开式中，(1)二项式系数最大的项；(2)常数项。

期末测试卷(水平一)

班级________姓名________

(满分 100 分，90 分钟)

一、选择题(共 12 小题，每小题 4 分，共 48 分)

1. 从杭州到北京，每天有飞机 3 班，火车 4 班，汽车 2 班，则在一天内乘坐这些交通工具，从杭州到北京的方法有(　　)种。

A. 9　　B. 12　　C. 24　　D. 48

2. 式子 $12\times11\times10\times9$ 可用排列数表示为(　　)。

A. A_{12}^{4}　　B. A_{12}^{9}　　C. C_{12}^{4}　　D. C_{12}^{9}

3. 设复数 $z_1=1-2i$，$z_2=-2+3i$，则 $z_1-z_2=$(　　)。

A. $3-5i$　　B. $3+i$　　C. $-3+5i$　　D. $-1+i$

4. 某班级学习小组在一次数学测验中，得 100 分的有 1 人，95 分的有 1 人，90 分的有 2 人，85 分的有 4 人，80 分和 75 分的各 1 人，则该小组成绩的平均数、众数、中位数分别是(　　)。

A. 85 分、85 分、85 分　　B. 87 分、85 分、86 分

C. 87 分、85 分、85 分　　D. 87 分、85 分、90 分

5. 已知变量 x，y 之间具有线性相关关系，其散点图如图所示，则其一元线性回归方程可能为(　　)。

A. $\hat{y}=1.5x+2$　　B. $\hat{y}=-1.5x+2$

C. $\hat{y}=1.5x-2$　　D. $\hat{y}=-1.5x-2$

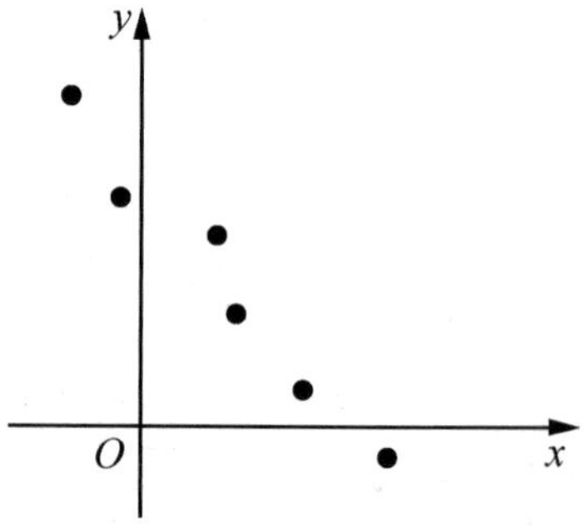

第 5 题图

6. 若随机变量 ξ 服从标准正态分布，则可以简记为(　　)。

A. $\xi\sim N(0, 0)$　　B. $\xi\sim N(1, 0)$

C. $\xi\sim N(0, 1)$　　D. $\xi\sim N(1, 1)$

7. 从 2，3，5，7，11 这五个数中任取两个相乘，能得到不同的积的个数为(　　)。

A. 6　　B. 8　　C. 10　　D. 20

8. 由数字 1，2，3，4，5 组成没有重复数字的三位数，其中偶数的个数为(　　)。

A. 12　　B. 24　　C. 36　　D. 60

9. 设复数 $z=2-3i$，则 $\bar{z}=$(　　)。

A. $2+3i$　　B. $-2+3i$　　C. $2-3i$　　D. $-2-3i$

24. 已知$\left(x^{3}-\frac{1}{x}\right)^{n}$的展开式中只有第 5 项的二项式系数最大，求展开式中的常数项。

期中测试卷(水平二)

班级________姓名________

(满分 120 分，90 分钟)

一、选择题(共 12 小题，每小题 4 分，共 48 分)

1. 已知 $6x+2i=4-yi$，则实数 x，y 的值分别为(　　)。

A. $\frac{2}{3}$，2　　B. $\frac{2}{3}$，-2　　C. $\frac{3}{2}$，2　　D. $\frac{3}{2}$，-2

2. $5+3i$ 的共轭复数是(　　)。

A. $5-3i$　　B. $-5+3i$　　C. $-5-3i$　　D. $5+3i$

3. 复数 $6+8i$ 的模是(　　)。

A. 6　　B. 8　　C. 10　　D. 14

4. 在复平面内，复数 z 对应的点的坐标为$(-1,2)$，则 $i\cdot z=$(　　)。

A. $-2-i$　　B. $2-i$　　C. $-1-2i$　　D. $-1+2i$

5. 复数 $(1+i)(2-3i)$在复平面内对应的点位于(　　)。

A. 第一象限　　B. 第二象限　　C. 第三象限　　D. 第四象限

6. 式子 $16\times15\times14\times\cdots\times7$ 可用排列数表示为(　　)。

A. A_{16}^{7}　　B. A_{16}^{8}　　C. A_{16}^{9}　　D. A_{16}^{10}

7. 从 0，1，2，3，4，5，7 七个数中任取两个数相乘，使积为偶数，这样的偶数共有(　　)个。

A. 18　　B. 15　　C. 12　　D. 10

8. 在 100 件产品中有 98 件合格品，2 件次品，现从中任取 3 件进行检查，那么至少一件是次品的不同取法有(　　)种。

A. C_{100}^{3}　　B. $C_{98}^{2}C_{2}^{1}$

C. $C_{98}^{1}C_{2}^{2}$　　D. $C_{98}^{2}C_{2}^{1}+C_{98}^{1}C_{2}^{2}$

9. 5 名学生到 4 个单位去实习，要求每个单位都必须有人去，共有(　　)种不同的分配方法。

A. 625　　B. 240　　C. 180　　D. 120

10. $(1-2x)^n$ 的展开式中第 5 项的二项式系数等于第 9 项的二项式系数，则 $n=$(　　)

A. 12　　B. 13　　C. 14　　D. 16

11. 在$(3+2x^2)^9$ 的展开式中，中间项是(　　)。

期中测试卷(水平一)

班级________姓名________

(满分 120 分，90 分钟)

一、选择题(共 12 小题，每小题 4 分，共 48 分)

1. 从 0，2 中选 1 个数字，从 1，3，5 中选 2 个数字，组成无重复数字的三位数，其中奇数的个数为(　　)个。

A. 24　　B. 18　　C. 12　　D. 16

2. 某地有 4 个信箱，现有 3 封信需要投入信箱，一共有(　　)种不同的投放式。

A. A_4^3　　B. C_4^3　　C. 3^4　　D. 4^3

3. $m(m+1)(m+2)\cdots(m+20)$可表示为(　　)。

A. A_m^2　　B. A_m^{21}　　C. A_{m+20}^2　　D. A_{m+20}^{21}

4. 圆上有 5 个点，过每 3 个点画一个圆内接三角形，则一共可以画(　　)个三角形。

A. 10　　B. 15　　C. 30　　D. 60

5. 在$\left(\sqrt{x}+\dfrac{3}{x}\right)^n$的展开式中，各二项式系数之和为 64，则展开式中常数项为

A. 135　　B. 105　　C. 30　　D. 15

6. 已知复数 $z=1+2i$，设 $\bar{z}$ 是 z 的共轭复数，则 $\bar{z}$ 的虚部是(　　)。

A. 2　　B. -2　　C. $2i$　　D. $-2i$

7. 若复数 $a+3+5i(a\in\mathbf{R})$是纯虚数，则 a 的值为(　　)。

A. -3　　B. 3　　C. -5　　D. 5

8. $(-1+i)(-1-i)=$(　　)。

A. $\sqrt{2}$　　B. 2　　C. $2+2i$　　D. $2-2i$

9. $(x-3y)^5$ 展开式中第 3 项的系数是(　　)。

A. 90　　B. -90　　C. -270　　D. 270

10. 如图所示的三角形数组是我国古代数学家杨辉发现的，称为杨辉三角形，根据数组中的数构成的规律，其中的 a 所表示的数是(　　)。

A. 2　　B. 4

C. 6　　D. 8

1
1　1
1　2　1
1　3　3　1
1　4　a　4　1
1　5　10　10　5　1
…

第 10 题图

11. 小明和爸爸、妈妈、爷爷、奶奶一同参加《中国诗词大会》的现场录制，5 人坐一排。则小明的爸爸、妈妈都与他相邻的概率为(　　)。

16. 某职业学校高一年级某班20名女学生平均分为甲、乙两组，她们的劳动技术课考试成绩如下(单位：分)：

甲组　60，90，85，75，65，70，80，90，95，80；

乙组　85，95，75，70，85，80，85，65，90，85。

(1)分别计算两组数据的极差、方差和标准差；

(2)哪一组的成绩较稳定？

17. 某企业为了对新研发的一批产品进行合理定价，将产品按事先拟定的价格进行试销，得到一组销售数据(x_i，y_i)($i=1$，2，…，6)如下表：

试销单价 x/元	4	5	6	7	8	9
产品销量 y/件	90	84	83	80	q	68

已知 $\overline{y}=80$。

(1)求表格中 q 的值；

(2)已知变量 x，y 具有线性相关性，试利用最小二乘法原理，求产品销量 y 关于试销单价 x 的一元线性回归方程 $\hat{y}=\hat{b}x+\hat{a}$。

参考数据：$\sum\limits_{i=1}^{6}x_iy_i=3\ 050$，$\sum\limits_{i=1}^{6}x_i^2=271$，参考公式：$\hat{b}=\dfrac{\sum\limits_{i=1}^{n}x_iy_i-n\overline{x}\overline{y}}{\sum\limits_{i=1}^{n}x_i^2-n\overline{x}^2}$，$\hat{a}=\overline{y}-\hat{b}\overline{x}$。

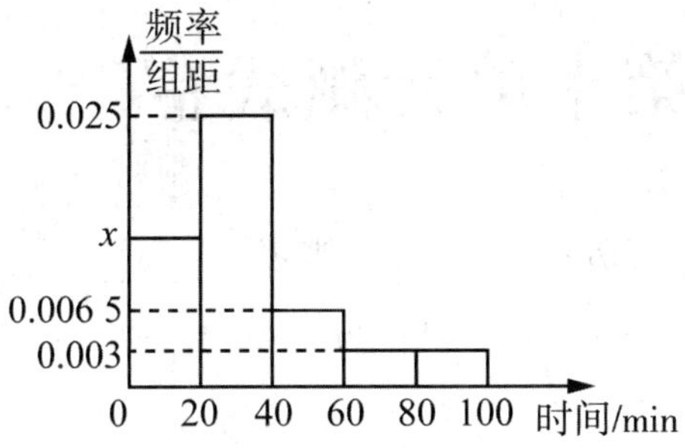

第 14 题图

(1)频率直方图中 x 的值为________；

(2)如果上学路上所需时间不少于 1 h 的学生可申请在学校住宿，若招生 1 200 名，估计新生中可以申请住校的学生有________名。(本题第一空 3 分，第二空 2 分)

三、解答题(每题 10 分，共 30 分)

15. 花木公司为了调查某种树苗的生长情况，抽取了一个容量为 100 的样本，测得树苗的高度(单位：cm)数据的分组及相应频数如下：[107，109)，3 株；[109，111)，9 株；[111，113)，13 株；[113，115)，16 株；[115，117)，26 株；[117，119)，20 株；[119，121)，7 株；[121，123)，4 株；[123，125]，2 株。

(1)列出频率分布表；

(2)画出频率直方图；

(3)据上述图表估计数据在[109，121)内的可能性是百分之几？

第十单元测试卷(二)

班级________姓名________

(满分 100 分，45 分钟)

一、选择题(每题 5 分，共 40 分)

1. 下列两个量之间的关系是相关关系的是(　　)。

A. 匀速直线运动中时间与位移的关系　　B. 学生的成绩和身高

C. 儿童的年龄与体重　　D. 物体的体积和质量

2. 下面是四个散点图中，直观上判断两个变量之间具有线性相关关系的是(　　)。

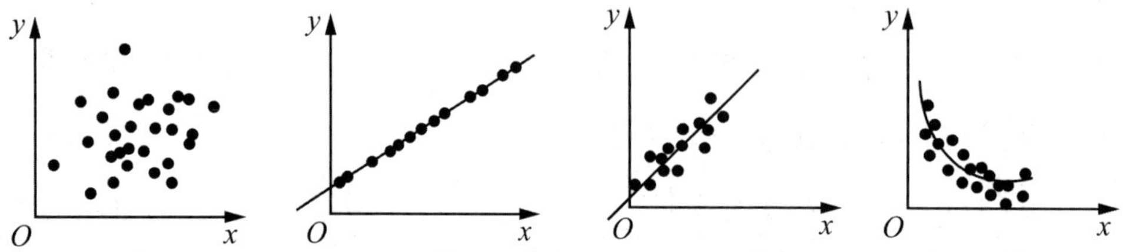

A.　　B.　　C.　　D.

3. 2021 年 10 月 26 日国务院印发《2030 年前碳达峰行动方案》，要求我国二氧化碳排放力争于 2030 年前达到峰值。低碳生活已经深入民心，新能源汽车备受欢迎，下表是某地区近 5 个月新能源汽车的销售量与月份统计表：

月份 x	1	2	3	4	5
销售量 y/万辆	0.4	0.6	0.9	1.2	1.4

若根据表中数据求得的 x 与 y 的一元线性回归方程为 $\hat{y}=\hat{b}x+0.12$，则利用此回归方程预测第 6 个月新能源汽车的销售量为(　　)万辆。

A. 1.7　　B. 1.68　　C. 1.6　　D. 1.58

4. 为了普及并增强环保意识，某职业学校随机抽取 30 名学生参加环保知识竞赛，得分(10 分制)的频数分布表如下：

得分	3	4	5	6	7	9	10
频数	2	3	10	6	3	2	2

设得分的中位数为 m_e，众数为 m_0，平均数为 x，则(　　)。

A. $m_e=m_0=x$　　B. $m_e=m_0<x$　　C. $m_e<m_0<x$　　D. $m_0<m_e<x$

(2)这三个厂商的推销广告分别利用了上述哪一种数据来表示待机时间？

(3)如果你是顾客，宜选择哪个厂商的产品？为什么？

15. 某科技公司欲进一步改良优质棉品质，对两块试验田种植的甲、乙两种棉花新品种的棉绒长度进行测量，分别记录抽查数据如下(单位：mm)。

甲：102　101　99　98　103　98　99；

乙：110　115　90　85　75　115　110。

试从统计的角度分析说明哪个棉花新品种比较稳定。

16. 为调查某地区某种野生动物的数量，将其分成面积相近的 100 个地块，从这些地块中用简单随机抽样的方法抽取 10 个作为样区，调查得到样本数据$(x_i, y_i)(i=1, 2, \cdots, 10)$，其中 x_i 和 y_i 分别表示第 i 个样区的植物覆盖面积(单位：公顷)和这种野生动物的数量，据分析，野生动物的数量 y 与植物覆盖面积 x 线性相关，并计算得 $\sum_{i=1}^{10} x_i = 30$，$\sum_{i=1}^{10} y_i = 600$，$\sum_{i=1}^{10} x_i^2 = 250$，$\sum_{i=1}^{10}(x_i - \bar{x})(yi - \bar{y}) = 400$.

(1)求该地区植物覆盖面积和野生动物数量的一元线性回归方程；

(2)由(1)来预计该地区一块植物覆盖面积为 5 公顷的地块中这种野生动物的数量。

参考公式：回归方程系数的最小二乘估计分别为 $\hat{b} = \dfrac{\sum_{i=1}^{n} x_i y_i - n\bar{x} \cdot \bar{y}}{\sum_{i=1}^{n} x_i{}^2 - n\bar{x}^2}$，$\hat{a} = \bar{y} - \hat{b}\bar{x}$。

第十单元测试卷(一)

班级________ 姓名________

(满分 100 分，45 分钟)

一、选择题(每题 5 分，共 40 分)

1. 在下列四个图象中，两个变量具有正相关关系的是(　　)。

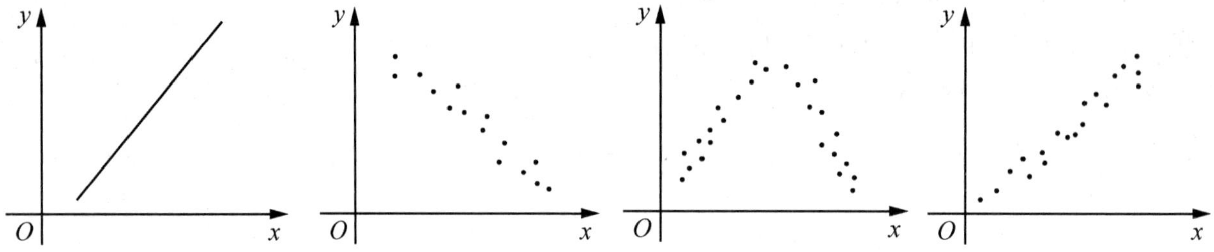

A.　　B.　　C.　　D.

2. 某个赛季中，甲、乙两名篮球运动员各 6 场比赛得分情况记录如下：

甲：18，20，35，33，47，41；　乙：17，26，19，27，19，29。

则下列四个结论中，不正确的是(　　)。

A. 甲运动员得分的极差大于乙运动员得分的极差

B. 甲运动员得分的中位数大于乙运动员得分的中位数

C. 甲运动员得分的平均值大于乙运动员得分的平均值

D. 甲运动员的成绩比乙运动员的成绩稳定

3. 某职业学校为了解新生的体重情况，对报到的 1 000 名新生的体重(单位：kg)进行了统计，得到如图所示的频率直方图，则体重在 60 kg 以上的人数为(　　)人。

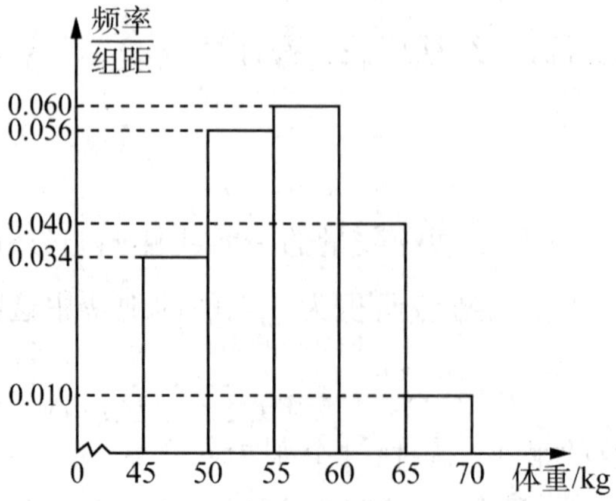

第 3 题图

A. 100　　B. 150　　C. 200　　D. 250

15. 甲、乙两人各进行三次射击，甲每次击中目标的概率为$\frac{1}{2}$，乙每次击中目标的概率为$\frac{2}{3}$。

(1)记甲击中目标的次数为 ξ，求 ξ 的分布列；

(2)求甲恰好比乙多击中 2 次目标的概率。

16. 假设飞机的每一台发动机在飞行中的故障率都是 $1-p$，且各发动机互不影响。如果至少 50％的发动机能正常工作，飞机就可以顺利飞行。问对于多大的 p 而言，四发动机飞机比二发动机飞机更安全。

第九单元测试卷(二)

班级________姓名________

(满分 100 分，45 分钟)

一、选择题(每小题 5 分，共 40 分)

1. 给出下列各量：

①某机场候机室中一天的游客数量；

②某急救中心一天内接到的急救电话次数；

③某同学离开自己学校的距离；

④将要举行的绘画比赛中某同学获得的名次；

⑤体积为 8 m^3 的正方体的棱长。

其中是离散型随机变量的是(　　)。

A. ①②④　　　　B. ①②③

C. ③④⑤　　　　D. ②③④

2. 罐子里有大小一样的 5 个青枣和 5 个红枣，从中任意摸取 1 个，若摸到的是青枣则另换 1 个红枣放回罐子，直到摸到红枣为止。若摸枣的次数为 η，则“$\eta=3$”表示的事件是(　　)。

A. 放回 2 个红枣　　B. 放回 3 个红枣　　C. 放回 4 个红枣　　D. 放回 5 个红枣

3. 已知随机变量 $X\sim B\left(4,\ \frac{1}{2}\right)$，则 $P(X=2)=$(　　)。

A. $\frac{3}{2}$　　B. $\frac{3}{4}$　　C. $\frac{3}{8}$　　D. $\frac{3}{16}$

4. 抛掷两枚骰子，所得点数之和为 ξ，则 $P(\xi\leqslant 4)=$(　　)。

A. $\frac{3}{4}$　　B. $\frac{1}{6}$　　C. $\frac{5}{12}$　　D. $\frac{1}{2}$

5. 某市公租房的房源位于 A，B，C 三个片区，设每位申请人只申请其中一个片区的房源，且申请其中任一个片区的房源是等可能的，该市的 4 位申请人中恰有 2 人申请 A 片区房源的概率为(　　)。

A. $\frac{4}{27}$　　B. $\frac{8}{27}$　　C. $\frac{12}{27}$　　D. $\frac{16}{27}$

6. 为了了解某地区高三年级男生的身体发育状况，抽查了该地区 1 000 名年龄在 17 岁至

16. 某单位为绿化环境，移栽了甲、乙两种大树各 2 棵。设甲、乙两种大树移栽的成活率分别为$\frac{5}{6}$和$\frac{4}{5}$，且各棵大树是否成活互不影响，求移栽的 4 棵大树中，

(1)至少有 1 棵成活的概率；

(2)两种大树各成活 1 棵的概率。

第九单元测试卷(一)

班级________姓名________

(满分 100 分，45 分钟)

一、选择题(每小题 5 分，共 40 分)

1. 下列问题中，(　　)不是随机变量。

A. 投掷五枚硬币，正面朝上的个数

B. 从编号都是②的 10 个小球中任选 2 个的编号之和

C. 小明在某次篮球比赛中，投篮得分的次数

D. 某十字路口处一天内通过汽车的数量

2. 已知离散型随机变量 X 的分布列为

X	0	1	2	3
P	$\frac{1}{5}$	$\frac{3}{10}$	m	$2m$

则常数 m 为(　　)。

A. $\frac{2}{3}$　　B. $\frac{1}{2}$　　C. $\frac{1}{3}$　　D. $\frac{1}{6}$

3. 2021 年世界园艺博览会于 2021 年 4 月至 10 月在江苏省扬州市举行，“花艺园”的某展位摆放了 10 盆牡丹花，编号分别为 0，1，2，3，…，9，若从中任取 1 盆，则编号“大于 5”的概率是(　　)。

A. $\frac{1}{2}$　　B. $\frac{2}{5}$　　C. $\frac{3}{5}$　　D. $\frac{1}{10}$

4. 已知随机变量 $\xi \sim B\left(5, \frac{2}{3}\right)$，则 $P(\xi=3)=$(　　)。

A. $\frac{3}{16}$　　B. $\frac{8}{243}$　　C. $\frac{16}{243}$　　D. $\frac{80}{243}$

5. 已知随机变量 $X \sim N(2, \sigma^2)$，$P(X<4)=0.76$，则 $P(X \leqslant 0)=$(　　)。

A. 0.24　　B. 0.48　　C. 0.52　　D. 0.76

6. 某人射击 1 次击中的概率是 0.6，如果射击 3 次，则此人至少有 2 次击中目标的概率为(　　)。

10. 由数字 0，1，2，3，4，5 组成没有重复数字的五位数中，比 31 000 大的数有________个。(用数字填空)

11. 在 $(x+1)^n$ 的展开式中，第 3 项的二项式系数是 21，第 6 项的值是 63，则 $x=$________。

12. 已知 $(1-2x)^7=a_0+a_1x+a_2x^2+\cdots+a_7x^7$，则 $a_1+a_2+\cdots+a_7=$________。

三、解答题(每小题 10 分，共 40 分)

13. 从 5 名男医生和 4 名女医生中选出 3 名医生，派到三个单位做核酸检测，要求这 3 名医生中既有男医生也有女医生，共有多少种不同的选派方案？

14. 将 6 支不同的水彩笔平均分成 3 份，共有多少种不同的分法？

15. 在 $\left(x^2+\dfrac{1}{x}\right)^n$ 的展开式中，所有项的二项式系数之和为 512，求展开式中的倒数第 3 项。

16. 求 $\left(\sqrt{x}-\dfrac{2}{x}\right)^6$ 的展开式中，(1)二项式系数最大的项；(2)常数项。

第八单元测试卷(一)

班级________姓名________

(满分 100 分，45 分钟)

一、选择题(每小题 5 分，共 40 分)

1. 从甲地到乙地，每天飞机有 6 个航班，火车 10 个班次，汽车 2 个班次，则在一天内乘坐这些交通工具，从甲地到乙地的方法有(　　)种。

A. 120　　B. 60　　C. 18　　D. 3

2. 从 2，3，5，7，11 这 5 个数中任取 2 个相乘，能得到(　　)个不同的积。

A. 6　　B. 8　　C. 10　　D. 20

3. 式子 $12\times11\times10\times9$ 可用排列数表示为(　　)。

A. A_{12}^{4}　　B. A_{12}^{9}　　C. C_{12}^{4}　　D. C_{12}^{9}

4. 若从 x 个不同的元素中取出 3 个元素的组合数是 56，则 x 的值为(　　)。

A. 9　　B. 8　　C. 7　　D. 6

5. 由数字 1，2，3，4，5 组成没有重复数字的三位数，共有(　　)个。

A. 12　　B. 24　　C. 36　　D. 60

6. 从集合$\{-2, 0, 3, 7\}$中任取两个元素组成点的坐标，则可以组成(　　)个不同的点的坐标。

A. 16　　B. 12　　C. 9　　D. 6

7. $(1-2x)^{n}$ 的展开式中第 5 项的二项式系数等于第 9 项的二项式系数，则 $n=$(　　)。

A. 16　　B. 14　　C. 13　　D. 12

8. 在 $(a-b)^{10}$ 的展开式中，第 6 项的系数是(　　)。

A. $-C_{10}^{5}$　　B. C_{10}^{5}　　C. $-C_{10}^{6}$　　D. C_{10}^{6}

二、填空题(每小 5 分，共 20 分)

9. $(a+b)^{6}$ 的展开式共有________项。

10. 若 $C_{8}^{x}+C_{8}^{x-1}=C_{9}^{6}$，则 x 的值为________。

11. 圆周上有 7 个点，以任意 3 点为顶点画圆内接三角形，一共可以画________个。(用数字填空)

12. 4 名学生报长跑、跳远、跳高三个运动项目，每人限报一项，不同的报法有________种。

三、解答题(每题10分，共40分)

13. 已知复数 z 的共轭复数是 $\bar{z}$，且 $z+\bar{z}=4$，$z\cdot\bar{z}=13$，z 的虚部是正数，求复数 z。

14. 实数 m 取何值时，复平面内表示复数 $z=(m^2+2m-3)+(m^2+m-6)\mathrm{i}$ 的点：

(1)位于第一象限内；

(2)位于第四象限内；

(3)位于直线 $y=x$ 上。

15. 复数 z 满足 $(z-1)(1-\mathrm{i})=0$，求复数 z。

16. 已知实系数方程 $x^2-2mx+(3-2m)=0$。

(1)如果方程有实数根，求实数 m 的取值范围；

(2)如果方程有虚数根，求实数 m 的取值范围。

第七单元测试卷(一)

班级________姓名________

(满分 100 分，45 分钟)

一、选择题(每题 5 分，共 40 分)

1. 设复数 $z=-1+2i$，则 $\bar{z}=$(　　)。

A. $-1+2i$　　B. $-1-2i$　　C. $1+2i$　　D. $1-2i$

2. 复数 $z=2$ 的虚部是(　　)。

A. 2　　B. -2　　C. 0　　D. $\sqrt{2}$

3. 已知复数 $z=m+(m+1)i$ 所对应的点位于复平面的第三象限，则实数 m 的取值范围是(　　)。

A. $m>0$　　B. $m<-1$　　C. $-1<m<0$　　D. $m<-1$ 或 $m>0$

4. 设复数 $z_1=1-2i$，$z_2=-2+3i$，则 $z_1+z_2=$(　　)。

A. $1-i$　　B. $-1-i$　　C. $1+i$　　D. $-1+i$

5. 设复数 $z_1=1-3i$，$z_2=2+5i$，则 $z_1z_2=$(　　)。

A. $17+i$　　B. $17-i$　　C. $-17+i$　　D. $-17-i$

6. 复数 $z=\sqrt{2}+i$ 的模等于(　　)。

A. $\sqrt{3}$　　B. $\sqrt{2}$　　C. 1　　D. 5

7. 已知某实系数一元二次方程的一个解是 $-3+4i$，则该方程的另一解是(　　)。

A. $-3+4i$　　B. $-3-4i$　　C. $3+4i$　　D. $3-4i$

8. 复数范围内 $x^2-x+5=0$ 的解是(　　)。

A. $1\pm 2i$　　B. $\frac{1}{2}\pm\frac{\sqrt{19}}{2}i$　　C. $\frac{1}{2}\pm\sqrt{5}i$　　D. $-\frac{1}{2}\pm\frac{\sqrt{19}}{2}i$

二、填空题(每题 5 分，共 20 分)

9. 以 $i+\sqrt{3}$ 的虚部为实部，并以 $2-3i$ 的实部为虚部构成的新复数 $z=$________。

10. 设复数 $z_1=1+3i$，$z_2=-1+2i$，则 $z_1z_2=$________。

11. 已知 $x-i=(y-1)+(2-y)i$，x，$y\in\mathbf{R}$，则 $x=$________，$y=$________。

12. 实系数一元二次方程 $x^2+x+m=0$ 有一个根是虚数，则实数 m 的取值范围是________。

前言

亲爱的同学们：

欢迎你们进入中等职业学校学习！职业教育与普通教育是两种不同的教育类型，具有同等重要的地位，相信你们一定能成为德智体美劳全面发展的高素质劳动者和技术技能人才。公共基础课程是中等职业学校课程体系的重要组成部分，对促进同学们可持续发展具有重要意义。本书是在习近平新时代中国特色社会主义思想指导下编写完成的，是中等职业学校公共基础课程教材《数学(拓展模块一下册)》的配套学习用书，是同学们学习数学课程的辅助资料。

本书知识框架与教材《数学(拓展模块一下册)》保持基本一致，由复数、排列组合、随机变量及其分布、统计四个知识章节构成，另含测试卷一套。每章节由若干知识小节组成，每个知识小节包含"知识要点""典型例题""基础训练""提高训练""数学窗""备注栏"等板块。"知识要点"引导同学们总结梳理数学知识要点，建立自己的数学知识体系；"典型例题"引导同学们学习理解数学知识运用的典型例题，掌握基本的数学方法和思想；"基础训练"和"提高训练"则设置两种不同学业水平的习题，满足同学们的个性化需求，提高大家分析问题和解决问题的能力；"数学窗"重点介绍数学发展史、数学文化、数学在生活中的应用等拓展知识，丰富数学内容，将"枯燥无味"的数学变得"生动活泼"；"备注栏"引导同学们善于思考，勤于总结，多做笔记，手脑并用。测试卷由单元测试卷(四个单元)、期中测试卷和期末测试卷构成，都分别包含两套试卷(分别对应水平一和水平二)。我们力求版面设计简洁合理、习题选择精干高效、拓展史料丰富有趣，以期提高同学们学习数学的兴趣和积极性。

数学源于大千世界，服务于生活实际。本书还引导同学们掌握一定的数学学习方法。方法一是学会总结归纳，总结梳理数学基本概念、公式、法则、定理、性质等数学知识要点，可以用条目式、表格式、框架图、思维导图等方式表达出来，厘清知识要点之间逻辑关系，形成自己数学知识主线。方法二是学会借鉴思考。从典型例题的分析解答中巩固公式、深化概念、掌握基本的解题方法与技巧，进行举一反三。方法三是勤于动笔训练。好记性不如烂笔头，通过同步训练及时反馈学习效果，规范解题过程，提高运算能力和逻辑推理能力。

数学是思维锻炼的体操。希望同学们热爱数学学习，乐于探索数学问题，在数学学习过程中领略数学文化，感受数学魅力，提升数学学科核心素养。

本套丛书由曹一鸣任主编，刘静、曾善鹏任分册主编，干琼宇、黄毅刚任分册副主编，参加编写的还有陈金涛、张晶强、全水聪等几位老师。

本书在编写过程中由于时间仓促，还有一些需要完善修订的地方，我们将认真听取大家的意见，不断对其进行改进和提升，以便更有效地为同学们所用。

编者

2022 年 7 月

目录

第7单元　复　数

7.1　复数的概念 …… 1

7.1.1　复数的有关概念 …… 1

7.1.2　复数的几何意义 …… 3

7.2　复数的运算 …… 7

7.3　复数范围内实系数一元二次方程的解法 …… 10

第8单元　排列组合

8.1　计数原理 …… 12

8.1.1　分类计数原理 …… 12

8.1.2　分步计数原理 …… 14

8.2　排　列 …… 19

8.2.1　排列问题 …… 19

8.2.2　排列数公式 …… 21

8.3　组　合 …… 24

8.3.1　组合问题 …… 24

8.3.2　组合数公式 …… 26

8.3.3　组合数的两个性质 …… 29

8.4　排列与组合的应用 …… 31

8.5　二项式定理 …… 34

8.5.1　二项式定理 …… 34

8.5.2 二项式系数的性质 …… 36
8.6 简单应用举例 …… 40

第9单元 随机变量及其分布

9.1 离散型随机变量及其分布 …… 43
9.1.1 离散型随机变量 …… 43
9.1.2 离散型随机变量分布列及其数字特征 …… 45
9.2 二项分布 …… 51
9.3 正态分布 …… 55

第10单元 统 计

10.1 用样本估计总体 …… 59
10.1.1 总体取值规律的估计 …… 59
10.1.2 总体集中趋势的估计 …… 64
10.1.3 总体离散程度的估计 …… 67
10.2 一元线性回归 …… 72
10.2.1 样本线性相关关系 …… 72
10.2.2 一元线性回归模型及其应用 …… 75

第 7 单元 · 复　数

7.1　复数的概念

7.1.1　复数的有关概念

知识要点

笔　记

1. 复数 $z=a+bi(a, b\in\mathbf{R})$ 的实部与虚部分别是 a 与 b。判断复数的实部与虚部时应将复数先写成 $z=a+bi(a, b\in\mathbf{R})$ 的形式后再判断。如复数 $z=1$ 写成 $z=1+0i$，其实部与虚部分别是 1 与 0。

2. 若两个复数 $a+bi(a, b\in\mathbf{R})$ 与 $c+di(c, d\in\mathbf{R})$ 相等，则 $a=c$ 且 $b=d$。如复数 $z_1=a-i$ 与 $z_2=1+bi$ 相等，则 $a=1$，$b=-1$。

3. 复数 $z=a+bi(a, b\in\mathbf{R})$ 的共轭复数是 $\overline{z}=a-bi$，即互为共轭复数的两个复数其实部相等且虚部互为相反数。如复数 $z=1+i$ 的共轭复数是 $\overline{z}=1-i$。

典型例题

例 1　指出下列复数的实部和虚部。

(1) $z_1=1+\sqrt{2}i$；　　　　(2) $z_2=i^2$。

分析　将复数写成 $z=a+bi(a, b\in\mathbf{R})$ 的形式即可得到实部和虚部。

解　(1) $z_1=1+\sqrt{2}i$ 的实部 $a=1$，虚部 $b=\sqrt{2}$；

(2) $z_2=i^2=-1+0i$ 的实部 $a=-1$，虚部 $b=0$。

方法总结：求复数的实部和虚部，只要将复数整理成 $z=a+bi(a, b\in$

R)的形式，实部是 a，虚部是 b。

例 2　已知 $(2x-1)-\mathrm{i}=1+(x+y)\mathrm{i}$，其中 x，y 是实数，求 x 和 y 的值。

分析　由复数相等的定义可知，两个复数相等，这两个复数的实部和虚部需分别相等。

解　根据复数相等的定义，得

$$\begin{cases}2x-1=1,\\-1=x+y,\end{cases}$$

解方程组得 $x=1$，$y=-2$。

方法总结：两个复数的实部与虚部分别相等是解决问题的关键。

例 3　求复数 $z=2\mathrm{i}$ 的共轭复数。

分析　由共轭复数的定义可知，互为共轭复数的两个复数，它们的实部相等且虚部互为相反数。

解　根据共轭复数的定义，得

$$\overline{z}=-2\mathrm{i}。$$

方法总结：复数 $z=a+b\mathrm{i}(a, b\in\mathbf{R})$ 的共轭复数是 $\overline{z}=a-b\mathrm{i}$。

基础训练

改错与反思

1. 复数 $z=a+b\mathrm{i}(a, b\in\mathbf{R})$ 与其共轭复数的实部之和是 4，则 $a=$(　　)。

A. -2　　B. 2　　C. -4　　D. 4

2. 复数 $z=\mathrm{i}^3$ 的实部是(　　)。

A. -1　　B. 1　　C. 0　　D. i

3. 复数 $z=1-\sqrt{3}$ 的虚部是(　　)。

A. 1　　B. $\sqrt{3}$　　C. $-\sqrt{3}$　　D. 0

4. 复数 $z_1=2+b\mathrm{i}(b\in\mathbf{R})$ 与复数 $z_2=a-i(a\in\mathbf{R})$ 相等，则 $a=$________，$b=$________。

5. 复数 $z=2$ 的共轭复数是________。

6. 已知 $x-\mathrm{i}=1+(2x+y)\mathrm{i}$，其中 x，y 是实数，求 x 和 y 的值。

7. 已知复数$(x-1)-(2y+1)\mathrm{i}$是复数$3-\mathrm{i}$的共轭复数，其中x，y是实数，求x和y的值。

提高训练

1. 实数m为何值时，复数$(m^2-m-2)+(m^2+2m-8)\mathrm{i}$是：

(1)实数；　(2)虚数；　(3)纯虚数。

2. 已知复数$(2x-y+1)+(x+3y-3)\mathrm{i}=0(x, y\in\mathbf{R})$，求$x$和$y$的值。

7.1.2　复数的几何意义

知识要点

笔　记

1. 复数的坐标表示：复数$z=a+b\mathrm{i}(a, b\in\mathbf{R})$可用复平面内的点$Z(a, b)$表示，复平面内的点$Z(a, b)$表示的复数是$a+b\mathrm{i}$。如复数$-1+2\mathrm{i}$可用复平面内的点$Z(-1, 2)$表示，复平面内的点$Z(1, -1)$可表示复数$1-\mathrm{i}$。

2. 复数的向量表示：先将复数$z=a+b\mathrm{i}(a, b\in\mathbf{R})$用复平面内的点$Z(a, b)$表示，再连接$OZ$，则向量$\overrightarrow{OZ}$就表示复数$z=a+b\mathrm{i}$(如图7-1)。

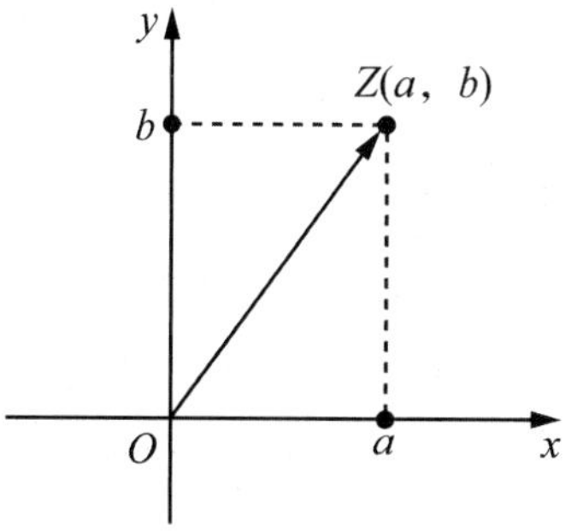

图 7-1

3. 复数$z=a+b\mathrm{i}(a, b\in\mathbf{R})$的模$|z|=|a+b\mathrm{i}|=\sqrt{a^2+b^2}$。如复数$z=1-\mathrm{i}$的模$|z|=|1-\mathrm{i}|=\sqrt{1^2+(-1)^2}=\sqrt{2}$。

复数 $z=a+bi(a, b\in\mathbf{R})$ 的模 $|z|$ 表示复平面内的点 $Z(a, b)$ 到原点 O 的距离，也即向量 $\overrightarrow{OZ}$ 的长度。

典型例题

例 1　在复平面内分别画出表示下列复数的点，并分别求出它们的模。

(1) $z_1=1+\sqrt{2}i$；　　(2) $z_2=i^2$。

分析　在复平面内，复数 $z=a+bi(a, b\in\mathbf{R})$ 可以用点 $Z(a, b)$ 表示。

解　在复平面内，$z_1=1+\sqrt{2}i$ 对应的点是 $Z_1(1, \sqrt{2})$；$z_2=i^2=-1$ 对应的点是 $Z_2(-1, 0)$，如图 7-2 所示。

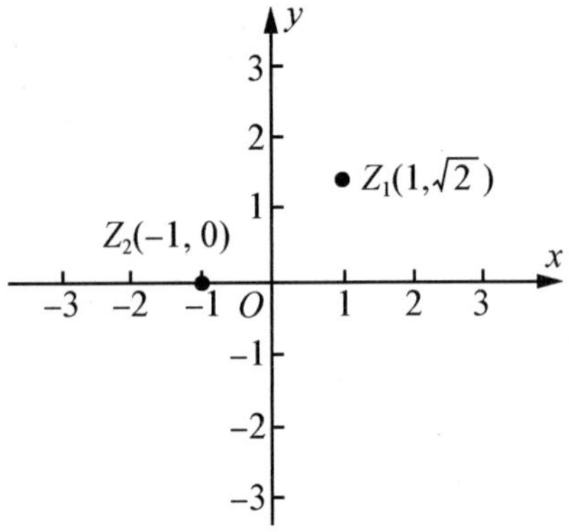

图 7-2

(1) $|z_1|=|1+\sqrt{2}i|=\sqrt{1^2+(\sqrt{2})^2}=\sqrt{3}$；

(2) $|z_2|=|i^2|=|-1|=1$。

方法总结：求复数的模时，先找到复数的实部 a 和虚部 b，再利用 $|z|=\sqrt{a^2+b^2}$ 求模。

例 2　若复数 z 满足 $|z|=2$，那么 z 在复平面内对应的点 Z 的集合是什么图形？

分析　由复数模的几何意义可知，$|z|=2$ 表示向量 $\overrightarrow{OZ}$ 的长度是 2，即点 Z 到原点的距离是 2。动点到定点距离等于定长的点的轨迹是圆。

解　设 $z=x+yi(x, y\in\mathbf{R})$，则 $|z|=\sqrt{x^2+y^2}=2$，即 $x^2+y^2=4$。

所以点 Z 的集合是以原点为圆心、半径为 2 的圆，如图 7-3 所示。

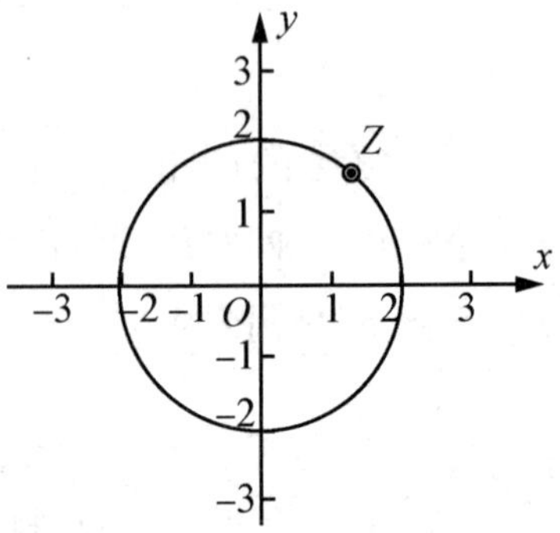

图 7-3

方法总结：先设函数 $z=x+yi(x, y\in\mathbf{R})$，再根据条件求出 x，y 满足的方程，最后判断点

Z 的集合是什么图形。

基础训练

改错与反思

1. 复数 $z=a+b\mathrm{i}(a, b\in\mathbf{R})$ 在复平面内对应的点在第三象限时，实数 a，b 满足(　　)。

A. $a>0$，$b>0$　B. $a<0$，$b<0$　C. $a>0$，$b<0$　D. $a<0$，$b>0$

2. 复数 $z=1-3\mathrm{i}$ 在复平面内对应的点在第(　　)象限。

A. 一　B. 二　C. 三　D. 四

3. 复数 $z=-\sqrt{3}\mathrm{i}$ 在复平面内对应的点是(　　)。

A. $(0, \sqrt{3})$　B. $(0, -\sqrt{3})$　C. $(\sqrt{3}, 0)$　D. $(-\sqrt{3}, 0)$

4. 复数 $z=\sqrt{2}+\mathrm{i}$ 的模等于________。

5. 复数 $z=1-a\mathrm{i}$ 的模等于 1，则实数 $a=$________。

6. 求下列复数的模。

(1) $-1+\sqrt{3}\mathrm{i}$；　(2) $\sqrt{5}-\mathrm{i}$。

7. 若复数 z 满足 $|z|\leqslant 1$，那么 z 在复平面内对应的点 Z 的集合是什么图形？

提高训练

1. 实数 m 为何值时，复平面内表示复数 $z=(m^2+m-2)+(m^2-1)\mathrm{i}$ 的点：

(1)位于第二象限内；

(2)位于第三象限内；

(3)位于直线 $y=x$ 上。

2. 若复数 z 满足 $1<|z|\leqslant 2$，那么 z 在复平面内对应的点 Z 的集合是什么图形？

数学窗

哈密顿[①]

图 7-4　哈密顿

哈密顿(1805—1865)(图 7-4)自幼喜欢算术，计算很快。1818 年，哈密顿遇到美国“计算神童”科耳本后，对数学产生了更深厚的兴趣。1820 年，两人再相逢时，哈密顿已经阅读了牛顿的《自然哲学的数学原理》，并对天文学有了强烈爱好，常用自己的望远镜观测天体，同时还开始阅读拉普拉斯的著作《天体力学》。1822 年，哈密顿开始进行科学研究工作，对曲线和曲面的性质进行了系列研究，并用于几何光学。他的报告送交爱尔兰科学院后，布林克莱院士评论说：“这位年轻人是现在这个年龄(17 岁)的第一位数学家。”

1823 年，哈密顿以入学考试第一名的成绩进入著名的三一学院，得到正规的大学训练。他在大学期间十分出名，几乎囊括了学院的所有古典文学和数学的最高奖项。1827 年，年仅 22 岁的哈密顿被任命为三一学院的天文学教授。

哈密顿在英国数学界的声誉仅次于牛顿，而且和牛顿一样，他作为物理学家甚至比作为一个数学家更有名。哈密顿认为，四元数才是他最高的成就。

由于哈密顿的学术成就和声望，1835 年，在都柏林召开的不列颠科学进步协会上他被选为主席，同年被授予爵士头衔。1836 年，皇家学会因他在光学上的成就而授予他皇家奖章。1837 年，哈密顿被任命为爱尔兰皇家科学院院长，直到 1845 年。1863 年，新成立的美国科学院任命哈密顿为 14 个国外院士之一。

---

① 杨克仁，潘斯一，郭友朋：《中外数学家传略》，载《宁德师专学报》，1982。

7.2 复数的运算

知识要点

笔 记

1. 复数的加减运算是将实部与实部相加减，虚部与虚部相加减，即

$$(a+bi)+(c+di)=(a+c)+(b+d)i,$$

$$(a+bi)-(c+di)=(a-c)+(b-d)i,$$

其中 a，b，c，$d\in\mathbf{R}$。如 $(2+3i)+(1-i)=(2+1)+[3+(-1)]i=3+2i$，$(-1+2i)-(1+i)=(-1-1)+(2-1)i=-2+i$。

2. 两个复数的乘法运算与多项式相乘的运算类似，在所得结果中，运用 $i^2=-1$，整理成 $a+bi(a, b\in\mathbf{R})$ 的形式。如 $(1+i)(1-2i)=1+i-2i-2i^2=1-i+2=3-i$。

典型例题

例 1 已知 $z_1=3-i$，$z_2=1+2i$，求 z_1+z_2，z_1-z_2。

分析 复数的加减运算是将复数的实部与实部相加减，虚部与虚部相加减。

解 $z_1+z_2=(3+1)+(-1+2)i=4+i$，

$z_1-z_2=(3-1)+(-1-2)i=2-3i$。

例 2 已知 $z_1=1-i$，$z_2=2+3i$，计算：(1) $z_1\cdot z_2$；(2) z_1^2。

解 (1) $z_1\cdot z_2=(1-i)(2+3i)$

$=2-2i+3i-3i^2$

$=5+i$。

(2) $z_1^2=(1-i)^2=1-2i+i^2=-2i$。

基础训练

改错与反思

1. 设复数 $z_1=1+2i$，$z_2=-2+i$，那么 $z_1+z_2=$(　　)。

A. $1+3i$　　B. $-1+3i$　　C. $1-3i$　　D. $-1-3i$

2. 设复数 $z_1=-1+i$，$z_2=1+2i$，则复数 $z_1\cdot z_2$ 在复平面内对应的点位于(　　)。

A. 第一象限　　B. 第二象限

C. 第三象限　　D. 第四象限

3. $i^7=$________，$i^9=$________，$i^{13}=$________，$i^{19}=$________。

4. 已知 $z_1=1-2i$，$z_2=3+i$，则 $z_1\cdot z_2=$________。

5. 已知 $z_1=3-2i$，$z_2=1+2i$，$z_3=1-i$，求：

(1) $z_1+z_2-z_3$；　　　　(2) $z_1z_2+z_3$。

提高训练

1. 已知复数 $z=1-\sqrt{2}i$，求 $\overline{z}$，$z-\overline{z}$ 以及 $z^2\cdot\overline{z}$。

2. 设复数 z 满足 $(z-1)(1+i)=1$，求复数 z。

数学窗

四元数：代数学的解放[①]

现代数学观点认为：数系的扩充并不是仅在旧数系中添加新元素，而是在旧数系之外去构造一个新的数系，其元素在形式上与旧的可完全不同，但它包含一个与旧数系同构的子集，这种同构必然保持新旧数系间具有完全相同的代数构造。

任何实数或虚数都是一维的，因它们本身只有一个部分表明其数量，且它们能图示在一条直线上。复数是二维数，它们由一个实数和一个虚数组成。复数仅能用于表示平面，若有不在同一平面上的力作用于同一物体，则需要寻找三维“复数”及相应运算体系。

哈密顿最初没想到的是：原来是要寻找三元数，最后找到的却是四元数。他放弃了乘法交换律(这是一个与正统思想完全相悖的想法，因为已有数系都满足乘法交换律)。

四元数创立之后，哈密顿深信四元数是开启几何学和物理学中所有奥

① 郭民，秦德生：《智慧数学》，103—104 页，长春，吉林人民出版社，2012。

秘的钥匙。他通过考虑向量的商，证明了在处理三维空间具有四个分量的物体时的合理性。他非常自信地说到：“四元数和牛顿的微积分一样重要。”

1943 年，四元数的百年诞辰，人们对四元数又给予了新的评价。大部分代数学家都认为，哈密顿的四元数确实是一个伟大的数学发现。但它的重要性不在于它在物理学上的应用，而是它对代数的影响。就像非欧几何的产生导致了几何学的变革一样，四元数的出现也是代数学的一次变革。1943 年，为纪念哈密顿发现四元数，爱尔兰政府特别发行了纪念哈密顿的邮票(图 7-5)。

图 7-5　纪念四元数发现100周年的邮票

7.3　复数范围内实系数一元二次方程的解法

笔　记

知识要点

求实系数一元二次方程的解时，若判别式 $\Delta=b^2-4ac<0$，则方程的解为 $x_{1,2}=\dfrac{-b\pm\sqrt{-(b^2-4ac)}\,\mathrm{i}}{2a}$，这两个解是一对共轭复数，且满足韦达定理：$x_1+x_2=-\dfrac{b}{a}$，$x_1x_2=\dfrac{c}{a}$。如某实系数一元二次方程的一个解是 $1-\mathrm{i}$，那么该方程的另一个解就是 $1+\mathrm{i}$。

典型例题

例 1　在复数范围内解实系数方程 $2x^2+x+1=0$。

分析　在实系数一元二次方程中，若 $\Delta=b^2-4ac<0$，则方程的解为 $x_{1,2}=\dfrac{-b\pm\sqrt{-(b^2-4ac)}\,\mathrm{i}}{2a}$。

解　因为 $\Delta=b^2-4ac=1-8=-7<0$，所以

$$x_{1,2}=\frac{-1\pm\sqrt{7}\,\mathrm{i}}{4}=-\frac{1}{4}\pm\frac{\sqrt{7}}{4}\mathrm{i}。$$

例 2　已知实系数一元二次方程 $x^2-mx+n=0$ 的一个解是 $1+\mathrm{i}$，求 m，n 的值。

分析　解决本题的关键是实系数一元二次方程解的共轭性。

解　由题意知，方程的另一解为 $1-\mathrm{i}$，由韦达定理有

$$(1-\mathrm{i})+(1+\mathrm{i})=m，(1-\mathrm{i})(1+\mathrm{i})=n。$$

解得 $m=2$，$n=2$。

基础训练

改错与反思

1. 若实系数一元二次方程的一个解是 $1-\sqrt{2}\,\mathrm{i}$，则该方程的另一解是(　　)。

A. $-1+\sqrt{2}\,\mathrm{i}$　　B. $-1-\sqrt{2}\,\mathrm{i}$　　C. $1-\sqrt{2}\,\mathrm{i}$　　D. $1+\sqrt{2}\,\mathrm{i}$

2. 若实系数一元二次方程 $x^2-ax+1=0$ 有虚数解，则实数 a 的取值范围是(　　)。

A. $(-\infty, -2)\cup(2, +\infty)$　　B. $[-2, 2]$

C. $(-2, 2)$　　D. $\varnothing$

3. 复数范围内一元二次方程 $x^2-x+1=0$ 的解是__________。

4. 在复数范围内因式分解：$2x^2-x+1=$__________。

5. 在复数范围内解下列方程：

(1)$2x^2+32=0$；　　(2)$2x^2+5=3x$。

提高训练

1. 若方程 $ax^2-bx+1=0(a\neq 0)$的一个解是 $2-\mathrm{i}$，求实数 a，b 的值。

2. 若虚数 z 满足 $z^3=27$，求 $z^2+3z+10$ 的值。

第 8 单元 · 排列组合

8.1 计数原理

8.1.1 分类计数原理

笔 记

知识要点

1. 分类计数原理：完成一件事有 n 类办法，在第 1 类办法中有 m_1 种不同的方法，在第 2 类办法中有 m_2 种不同的方法……在第 n 类办法中有 m_n 种不同的方法，那么完成这件事共有 $N=m_1+m_2+\cdots+m_n$ 种不同的方法，它又称为加法原理。

2. 分类计数原理中各类方法之间是互相独立的，选用其中的任何一种方法都能完成此事。

典型例题

例 某中等职业学校高三学生小华在全国职业院校专业技能大赛电工电子类比赛中获一等奖，有 A，B，C 三所高等职业学院向他抛出橄榄枝，可以免试入学该学院的电工电子类专业。A 院校的电工电子类专业有 6 个不同的专业方向，B 院校的电工电子类专业有 4 个不同的专业方向，C 院校的电工电子类专业有 5 个不同的专业方向，小华同学准备选择其中的一个专业方向就读，共有多少种不同的选择？

分析 小华同学有三类选择：

第 1 类，选择 A 学校，他有 6 种不同的选择；

第 2 类，选择 B 学校，他有 4 种不同的选择；

第 3 类，选择 C 学校，他有 5 种不同的选择。

所以，小华共有 6+4+5=15(种)不同的选择。

解 $N=6+4+5=15$(种)。

即小华同学准备选择其中的一个专业方向就读，共有 15 种不同的选择。

方法总结：利用分类计数原理解决。

基础训练

改错与反思

1. 某职业学校招聘计算机专业教师，有 10 名大学应届毕业生报名，5 名在职人员报名，现从中选聘 1 人，共有(　　)种不同的选择。

A. 2　　B. 5　　C. 10　　D. 15

2. 夏天到了，小王同学想为自己买一件 T 恤，他看中了 A 店中的 2 件，B 店中的 3 件，C 店中的 2 件，难以决断，于是，他请同学帮他作参考，小王的同学共有(　　)种不同的推荐方法。

A. 3　　B. 5　　C. 7　　D. 12

3. 学校图书馆需要聘请 1 名学生参与图书管理，高一年级推荐了 5 名学生，高二年级推荐了 4 名学生，高三年级推荐了 3 名学生，学校共有(　　)种不同的选择。

A. 3　　B. 12　　C. 20　　D. 60

4. 某班级竞选班长，有 3 名女学生参加竞聘，有 4 名男学生参加竞选，现从中选 1 名学生，有________种不同的选择。

5. 班级组织春游，班长精选了 3 个风景名胜点，副班长精选了 2 个文化旅游胜地，现从中选择 1 个景点，有________种不同的选择。

6. 某小区组织核酸检测，需要 1 名志愿者，小区内有 6 名男士报名，8 名女士报名，现从中选择 1 人，有________种不同的选择。

7. 过年了，为装饰居家环境，小张和妈妈一起去花卉市场买花，他们看中了某店的蝴蝶兰和海棠。该店的蝴蝶兰有 5 个不同的品种，海棠有 4 个不同的品种，他们想从中选择 1 种，有多少种不同的选择？

8. 某班有 6 名唱歌爱好者，有 5 名绘画爱好者，现从中选 1 名同学作为班级文艺委员，有多少种不同的选择？

提高训练

1. 教室图书角分三层，第一层有 10 本不同的《世界博览》，第二层有 15 本不同的《中国国家地理》，第三层有 12 本不同的《读者》。小艾同学要从中选读 1 本，共有多少种不同的选择？

2. 某单位组织职工参加义务献血，在献血人员中，A 型血有 25 人，B 型血有 18 人，AB 型血有 10 人，O 型血有 32 人，从中任选 1 位代表做义务献血宣讲，共有多少种不同的选择？

8.1.2　分步计数原理

知识要点

笔　记

1. 分步计数原理：完成一件事需要分成 n 个步骤，做第 1 步有 m_1 种不同的方法，做第 2 步有 m_2 种不同的方法……做第 n 步有 m_n 种不同的方法，那么完成这件事共有 $N=m_1\times m_2\times\cdots\times m_n$ 种不同的方法，它又称为乘法原理。

2. 分步计数原理中各个步骤之间是互相依存的，只有所有步骤都完成了，才能完成此事。

典型例题

例 1 某小区征集志愿者参与小区书法比赛的组织工作，需要 1 名男士和 1 名女士志愿者参与。现有 6 名男士、8 名女士报名，有多少种不同的选择？

分析 完成此事，可分两步进行：

第 1 步，选择 1 名男志愿者，可以从 6 名报名的男士中选择 1 名，有 6 种不同的选择；

第 2 步，选择 1 名女志愿者，可以从 8 名报名的女士中选择 1 名，有 8 种不同的选择。

以上两个步骤都完成，才能完成此事。所以，共有 $6\times8=48$(种)不同的选择。

解 $N=6\times8=48$(种)。

即选择 1 名男士和 1 名女士志愿者，有 48 种不同的选择。

方法总结：利用分步计数原理解决。

例 2 学校图书馆有不同的小说 100 本，不同的人物传记 50 本，不同的漫画书 30 本。小吴同学准备借其中的两类书各 1 本，共有多少种不同的选择？

分析 小吴同学有三类不同的借书情况：

第 1 类，借 1 本小说和 1 本人物传记。分两步完成，第 1 步，借 1 本小说，有 100 种不同的选择；第 2 步，借 1 本人物传记，有 50 种不同的选择。所以，小吴借 1 本小说和 1 本人物传记共有 100×50 种不同的选择。

第 2 类，借 1 本小说和 1 本漫画书。分两步完成，第 1 步，借 1 本小说，有 100 种不同的选择；第 2 步，借 1 本漫画书，有 30 种不同的选择。所以，小吴借 1 本小说和 1 本漫画书共有 100×30 种借不同的选择。

第 3 类，借 1 本人物传记和 1 本漫画书。分两步完成，第 1 步，借 1 本人物传记，有 50 种不同的选择；第 2 步，借 1 本漫画书，有 30 种不同的选择。所以，小吴借 1 本人物传记和 1 本漫画书共有 50×30 种不同的选择。

以上各类相加即可。

解 $N=100\times50+100\times30+50\times30=9\ 500$(种)。

即小吴同学准备借其中的两类书各 1 本，共有 9 500 种不同的选择。

方法总结：利用分类计数原理和分步计数原理解决，在应用时要注意先分类再分步。

改错与反思

基础训练

1. 小明去学校食堂就餐，今天食堂有 30 种不同的素菜，15 种不同的荤菜，小明想买一荤一素，有(　　)种不同的选择。

A. 2　　B. 30　　C. 45　　D. 450

2. 已知 $x\in\{1, 3, 5, 7\}$，$y\in\{2, 4, 6\}$，则由 x，y 能组成不同的点坐标 (x, y) 的个数为(　　)个。

A. 16　　B. 12　　C. 9　　D. 7

3. 学校图书馆准备在高一、高二、高三这 3 个年级中各选 1 名学生参与图书管理。现高一年级推荐了 5 名学生，高二年级推荐了 4 名学生，高三年级推荐了 3 名学生，学校共有(　　)种不同的选择。

A. 12　　B. 15　　C. 20　　D. 60

4. 学校中心花坛有一块圆形空地和一块月芽形空地，总务部门准备在圆形空地上种上花，在月芽形空地上种上草。供货商提供了 7 种不同的花和 4 种不同的草皮供选择，总务部门共有(　　)种不同的选择。

A. 11　　B. 16　　C. 28　　D. 49

5. 某医院准备选派 1 名男医生和 1 名女医生出省支援外地抗疫，现有 13 名男医生和 10 名女医生报名参加，医院有________种不同的选择。

6. 某班从 10 位班干部中选定 1 位班长和 1 位副班长，共有________种不同的选择。

7. 孙老师想买菊花和枸杞泡茶，超市现有 5 种不同的菊花和 3 种不同品质的枸杞，孙老师有________种不同的选择。

8. 过年了，为装饰居家环境，小张和妈妈一起去花卉市场买花，他们看中了某店的蝴蝶兰和海棠。该店的蝴蝶兰有 5 个不同的品种，海棠有 4 个不同的品种，他们想从中选择 1 种蝴蝶兰和 1 种海棠，有多少种不同的选择？

9. 3名同学相约周末去爬山，他们在南坡脚下集合。从南坡上山有3条不同的路，从北坡上山有2条不同的路。3名同学准备从南坡上山，再从北坡下山，他们共有多少条不同的方案可选择？

提高训练

1. 教室图书角分三层，第一层有10本不同的《世界博览》，第二层有15本不同的《中国国家地理》，第三层有12本不同的《读者》，小艾同学准备从中选两种不同类型的杂志各1本，共有多少种不同的选择？

2. 小芳在某家服装店选购衣服，商家推荐了10件不同的上衣、15条不同的裤子和20条不同的连衣裙。小芳准备搭配1套衣服，再买1条连衣裙，她有多少种不同的选择？

3. 某品牌手机新推出两款不同型号的手机，A款有3种不同的存储容量，有3种不同的颜色；B款也有3种不同的存储容量，有4种不同的颜色。洪先生想选购其中一部，他有多少种不同的选择？

数学窗

地图着色①

地图着色是一种组合构形，它是对于地图面积的一种分划，给地图的每一个面(指一小块分划面积)分配一种颜色，使得相邻的面(指有公共边界边)具有不同的颜色，称这样一种颜色的分配为这个地图的一个着色。

地图着色问题是指最少需要几种颜色能够完成地图着色。于是有了著名的四色猜想：任何一张地图只用四种颜色就能使具有共同边界的国家着上不同的颜色。一个多世纪以来，四色猜想吸引着许多的学者与专家，直到 1976 年 9 月，美国伊利诺伊大学的阿贝尔和哈肯宣布：在计算机的协助下证明了四色猜想。

① 高希尧：《数海钩沉——世界数学名题选辑》，191－193 页，西安，陕西科学技术出版社，1982。

8.2 排 列

8.2.1 排列问题

知识要点

笔 记

1. 一般地，从 n 个不同元素中任取 $m(m\leqslant n)$ 个元素，按照一定的顺序排成一列，叫作从 n 个不同元素中取出 m 个元素的一个排列。特别地，当 $m=n$ 时，从 n 个不同元素中任取 m 个元素的排列，叫作全排列。

2. 研究从 n 个不同元素中任取 $m(m\leqslant n)$ 个元素的排列共有多少个这类计数问题叫作排列问题。

典型例题

例 某职业学校建有 3 个不同专业的体验室，现有一批初中生前来参观体验，他们要求 3 个体验室均要参观，学校可以安排多少种不同的参观顺序。

分析 完成 3 个体验室的参观体验，可分三步进行：

第 1 步，选择 3 个专业体验室中的任意 1 个先参观体验，有 3 种不同的选择；

第 2 步，选择其余 2 个专业体验室中的任意 1 个参观体验，有 2 种不同的选择；

第 3 步，选择剩下的最后 1 个专业体验室参观体验，只有 1 种选择。

根据分步计数原理，共有 $3\times2\times1=6$(种)不同的参观顺序。

解 $N=3\times2\times1=6$(种)。

即学校可以安排 6 种不同的参观顺序。

方法总结：利用分步计数原理解决。

基础训练

改错与反思

1. 下列问题不是排列问题的是(　　)。

A. 从 2，3，5，7 这四个数字中取两个数相减的不同选取方法

B. 从 2，3，5，7 这四个数字中取两个数组成分数的不同选取方法

C. 把 4 本不同的书分给 4 位同学(每人 1 本)的不同分法

D. 从 5 张不同的卡片中取出 3 张的不同取法

2. 快递小哥收到附近的三个不同地方的发货单，他准备去逐一收货，他有(　　)种不同的线路。

A. 3　　B. 6　　C. 9　　D. 27

3. 由数字 1，2，3，4，5 可以组成(　　)个没有重复数字的三位数。

A. 15　　B. 27　　C. 60　　D. 125

4. 从 5 名同学中选 3 名同学，分别担任语文、数学、英语课代表，有________种不同的选法。

5. 从红、绿、黄、蓝这 4 种颜色中选 2 种颜色，可以组成________种不同的排列。

6. 写出由 3 个元素 a，b，c 组成的所有排列。

7. 一张录有学校校园十大歌手总决赛的光盘，要在 4 个班级中轮流观看，共有多少种不同的观看顺序？

提高训练

1. 由数字 0，1，3，4 可以组成多少个没有重复数字的三位数？写出所有的排列。

2. 从 1，2，3，4，5 五个数中取 2 个数组成对数，共有多少个不同的对数值？

8.2.2 排列数公式

笔 记

知识要点

1. 一般地，从 n 个不同元素中取出 $m(m\leqslant n)$ 个元素的所有排列的个数，叫作从 n 个不同元素中取出 m 个元素的排列数，用符号 A_n^m 示。

2. 排列数公式：$A_n^m=n(n-1)(n-2)\cdots(n-m+1)$，其中 $m\in\mathbf{N}^*$，$n\in\mathbf{N}^*$，且 $m\leqslant n$。

3. 全排列数公式：$A_n^n=n!=n\times(n-1)\times(n-2)\times\cdots\times3\times2\times1$，规定 $0!=1$。

典型例题

例 1 试用 4 个"0"和数学运算符求得结果 24。

分析 由阶乘运算符可知 $4!=24$，又由于 $0!=1$，所以，将 4 个 $0!$ 相加可得到 4，从而得出结果 24。

解 $(0!+0!+0!+0!)!=4!=24$。

方法总结：多次利用全排列数公式进行计算。

例 2 高一(2)班要从 6 名跑步快的男学生中选 4 名学生参加学校 4×100 m 接力赛，而且要确定好每名学生跑第几棒，共有多少种不同的安排方案？

分析 由题可知，从 6 名男学生中选出 4 名参加接力赛是按照一定的顺序排列的，所以这个问题实际上就是求从 6 个不同的元素中任取 4 个元素的排列数。

解 $A_6^4=6\times5\times4\times3=360$(种)。

即共有 360 种不同的安排方案。

方法总结：首先清楚这是什么排列问题，再利用排列数公式进行计算。

基础训练

改错与反思

1. 式子 $15\times14\times\cdots\times11\times10$ 可用排列数表示为(　　)。

A. A_{15}^{10}　　B. A_{15}^{9}　　C. A_{15}^{6}　　D. A_{15}^{5}

2. 由数字 1，2，3，4，5 可以组成(　　)个没有重复数字的四位数。

A. 20　　B. 60　　C. 120　　D. 625

3. 一张白纸上画了 A，B，C，D，E 五个点，由这五个点可以连成

(　　)条不同的有向线段。

A. 25　　B. 20　　C. 15　　D. 10

4. 从 2，3，5，7 这 4 个数字中，任取 2 个作为直线方程 $y=kx+b$ 中的 k 与 b，则可以得到(　　)条不同的直线方程。

A. 16　　B. 12　　C. 9　　D. 6

5. 计算：

(1)$A_7^2=$________；(2)$A_6^3=$________；(3)$A_5^5=$________。

6. 4 名学生和 1 名教师站成一排拍照，教师站中间位置，共有________种不同的排列方法。

7. 4 名学生站成一排，小明和小冬想要站在一起，共有________种不同的排法。

8. 5 名学生站成一排，其中甲和乙不能站在一起，共有多少种不同的排法？

9. 5 名学生分别从 3 个不同的楼梯下楼，共有多少种不同的下楼方法？

提高训练

1. 由数字 0，1，2，3，4 可以组成多少个没有重复数字的三位偶数？

2. 语文、数学、英语、体育 4 节课安排在一个上午，如果要求体育课不排第 1 节，数学课不排第 4 节，共有多少种不同的安排方案？

3.3名学生报名课外活动项目，现有音乐、舞蹈、健美操、硬笔书法4个项目，求：

(1)如果每名学生只报其中一项，有多少种不同的报名方法?

(2)如果每名学生只报其中的一项，且任何2名学生不能报同一项，有多少种不同的报名方法?

数学窗

天干地支[①]

中国古代的《易经》中用十个天干和十二个地支以六十为周期来记载月和年，以及在河图洛书中关于幻方的记载，是人们至今所了解的最早发现的组合问题。天干地支，简称为干支，源自远古时代人们对天象的观测。甲、乙、丙、丁、戊、己、庚、辛、壬、癸称为十个天干，子、丑、寅、卯、辰、巳、午、未、申、酉、戌、亥称为十二个地支(图8-1)。天干地支组成了古代纪年历法。十干和十二支依次相配，组成六十个基本单位，两者按固定的顺序相互配合，组成了干支纪法。

图8-1

① 翁文波，张清:《天干地支纪历与预测》，3—5页，北京，石油工业出版社，1996。

笔　记

8.3　组　合

8.3.1　组合问题

知识要点

1. 一般地，从 n 个不同元素中任取 $m(m\leqslant n)$ 个元素组成一组，叫作从 n 个不同元素中取出 m 个元素的一个组合。只有当两个组合中的元素不完全相同时，才是不同的组合。

2. 研究从 n 个不同元素中任取 $m(m\leqslant n)$ 个元素的组合共有多少个，这类计数问题叫作组合问题。

典型例题

例　学校组织学生到结对学校交流学习，现有钱、孙、李、张 4 名学生报名，但是名额只有 3 个，共有多少种不同的选择方案？

分析　选择 3 名学生到结对学校交流学习，与选择的顺序无关。先选择钱再选择孙最后选择李与先选择孙再选择钱最后选择李，其结果是相同的。

解　方案 1：钱同学、孙同学、李同学外出交流学习；

方案 2：钱同学、孙同学、张同学外出交流学习；

方案 3：钱同学、李同学、张同学外出交流学习；

方案 4：孙同学、李同学、张同学外出交流学习，

所以，共有 4 种不同的选择方案。

方法总结：根据题目要求逐一罗列，注意不重不漏。

基础训练

改错与反思

1. 下列问题是组合问题的是(　　)。

A. 学校“红五月”唱歌比赛中，在原定的 10 个节目中插入 2 个节目，有多少种插入方法？

B. 从 5 名同学中选出 2 名同学分别参加演讲比赛和绘画比赛，有多少种不同的选取方法？

C. 小范准备从自己心爱的收藏品中选出两件送给自己同桌，有多少种不同的选取方法？

D. 将红、黄、绿三面彩旗排成一排，能表示多少种不同的信号？

2. 从 2，3，7，9 这 4 个数中取两个数相乘，共有(　　)种不同的结果。

A. 6　　B. 9　　C. 12　　D. 16

3. 从 a，b，c，d，e 这 5 个字母中取出 4 个，能组成(　　)个不同的集合。

A. 5　　B. 10　　C. 15　　D. 20

4. 老师从 4 本不同的书中选出 2 本送给小龚同学，共有________种不同的选取方法。

5. 一张白纸上画了 A，B，C，D 四个点，由这四个点，可以连成________条线段。

6. 写出从 a，b，c，d 这 4 个字母中取出两个字母的所有组合。

7. 小张同学准备报名课外活动项目，现有音乐、舞蹈、健美操、硬笔书法 4 个项目，他想报名其中的 3 个项目，有哪几种选择方案？

提高训练

1. 集合$\{a, b, c\}$共有多少个子集？

2. 用天平称重，现有 1 g、2 g、5 g 的砝码各 1 个，用这 3 个砝码可以称出多少种不同质量的物品？

笔　记

8.3.2　组合数公式

知识要点

1. 一般地，从 n 个不同元素中取出 $m(m\leqslant n)$个元素的所有组合的个数，叫作从 n 个不同元素中取出 m 个元素的组合数，用符号C_n^m 表示。

2. 组合数公式：$C_n^m=\dfrac{A_n^m}{A_m^m}=\dfrac{n(n-1)(n-2)\cdots(n-m+1)}{m!}=\dfrac{n!}{m!(n-m)!}$，其中 $m\in\mathbf{N}$，$n\in\mathbf{N}^*$，且 $m\leqslant n$。

3. 规定$C_n^0=1$；$C_n^n=1$。

典型例题

例 1　从 7 名学生中推选 3 名学生参加读书会，共有多少种不同的推选方案？

分析　推选 3 名学生参加读书会，只与推选的人员有关，与推选的顺序无关，所以这是一个组合问题，是求从 7 个不同的元素中取出 3 个元素的组合数。

解　$C_7^3=\dfrac{7\times6\times5}{3!}=35$(种)。

即从 7 名学生中推选 3 名学生参加读书会，共有 35 种不同的推选方案。

方法总结：首先清楚这是什么组合问题，再利用组合数公式进行计算。

例 2　某技术研发部有员工 10 人，其中男员工 6 人，女员工 4 人，现欲推选 3 名员工参加公司的歌咏比赛，要求必须有男员工也有女员工，共有多少种不同的推选方案？

分析　推选 3 名员工参加歌咏比赛，只与推选的人员有关，与推选的顺序无关，所以这是一个组合问题。要求既要有男员工也要有女员工参加，可将其分为两类：一类是 1 名男员工和 2 名女员工参加；另一类是 2 名男员工和 1 名女员工参加。每一类都需要分两步完成。

解　第 1 类，1 名男员工和 2 名女员工参加歌咏比赛。可分两步完成：第 1 步，推选 1 名男员工，只能从 6 名男员工中选取，有C_6^1 种选取方法；第 2 步，推选 2 名女员工，只能从 4 名女员工中选取，有C_4^2 种选取方法。

第 2 类，2 名男员工和 1 名女员工参加歌咏比赛。可分两步完成：第 1 步，推选 2 名男员工，只能从 6 名男员工中选取，有C_6^2 种选取方法；第 2

步，推选 1 名女员工，只能从 4 名女员工中选取，有C_4^1 种选取方法。

所以，既要有男员工参加也要有女员工参加，不同的推选方法共有

$$C_6^1\times C_4^2+C_6^2\times C_4^1=6\times 6+15\times 4=96(\text{种})。$$

方法总结：对于比较复杂的组合问题，要先分类，再分步。要注意不重不漏。

基础训练

改错与反思

1. 计算C_8^4 的值为(　　)。

A. 28　　B. 56　　C. 70　　D. 140

2. 某医院眼科有 8 名医生，从中选派 2 名医生给一个学校的学生检查视力，有(　　)种不同的选派方法。

A. 56　　B. 28　　C. 16　　D. 8

3. 从 x 人中选出 2 人代表班级参加学校组织的植树活动，共有 21 种不同的选法，则 x 的值为(　　)。

A. 6　　B. 7　　C. 8　　D. 9

4. 圆周上有 9 个点，共可以组成(　　)个三角形。

A. 36　　B. 72　　C. 84　　D. 96

5. 若$C_n^m=\dfrac{7!}{3!\times 4!}$，则 $n=$________，$m=$________。

6. 学校开设了 30 门不同的选修课，每名学生都需要选其中的 2 门，小李同学共有________种不同的选择。

7. 学校高二年级共有 6 个班，每个班组织一个篮球队进行班际比赛，每班的篮球队要与其他 5 个班的篮球队分别比赛一场，共要进行________场比赛。

8. 班级内各小组之间进行乒乓球赛，甲小组有 5 名男生、3 名女生，现要选 1 名男生和 1 名女生组成混合双打队，共有多少种不同的组队方案？

9. 从 10 名学生中推选 4 名参加一个会议，其中甲、乙 2 人有且只有一人参加，共有多少种不同的推选方法？

10. 从 1～9 这 9 个数中任取 2 个数，求：

(1)和是奇数的取法共多少种？

(2)和是偶数的取法共多少种？

提高训练

1. 在 100 件产品中有 98 件合格品，2 件次品，现从中任取 3 件进行检查，那么至少 1 件是次品的不同取法有(　　)种。

A. C_{100}^{3}　　B. $C_{98}^{2}C_{2}^{1}$

C. $C_{98}^{1}C_{2}^{2}$　　D. $C_{98}^{2}C_{2}^{1}+C_{98}^{1}C_{2}^{2}$

2. 某职业学校的甲、乙、丙、丁 4 名学生同时报考某一所高等职业技术学院，其被录取的不同情况有多少种？

8.3.3 组合数的两个性质

知识要点

笔 记

一般地，组合数具有如下性质：

性质 1 $C_n^m=C_n^{n-m}$。

性质 2 $C_n^m+C_n^{m-1}=C_{n+1}^m$。

典型例题

例 1 计算$C_{15}^{13}+C_{15}^{14}$的值。

分析 先利用组合数的性质 2 相加，再利用组合数的性质 1 简化运算。

解 $C_{15}^{13}+C_{15}^{14}=C_{16}^{14}=C_{16}^{2}=\dfrac{16\times 15}{2!}=120$。

方法总结：恰当地运用组合数的两个性质进行计算。

例 2 计算：$C_{10}^{9}+C_{20}^{19}+C_{30}^{29}+\cdots+C_{100}^{99}$。

分析 先利用组合数的性质 1 简化运算，再利用等差数列的前 n 项和公式进行计算。

解 $C_{10}^{9}+C_{20}^{19}+C_{30}^{29}+\cdots+C_{100}^{99}$

$=C_{10}^{1}+C_{20}^{1}+C_{30}^{1}+\cdots+C_{100}^{1}$

$=10+20+30+\cdots+100$

$=\dfrac{10\times(10+100)}{2}=550$。

方法总结：运用组合数性质 1 简化后进行计算。

基础训练

改错与反思

1. 计算C_{11}^{10}的值为(　　)。

A. 10　　B. 11　　C. 55　　D. 110

2. 计算$C_7^4+C_7^5$的值为(　　)。

A. 7　　B. 9　　C. 56　　D. 70

3. $C_{100}^{90}+C_{100}^{91}$可化简为(　　)。

A. C_{100}^{92}　　B. C_{100}^{91}　　C. C_{101}^{90}　　D. C_{101}^{91}

4. 若$C_n^{n-2}=36$，则 $n=$________。

5. 若$C_8^2+C_8^3=C_9^x$，则 $x=$________。

6. 计算：(1)C_{40}^{38}；　(2)$C_{30}^{28}+C_{30}^{29}$。

7. 计算：$C_7^1+C_7^2+C_7^3+C_7^4+C_7^5+C_7^6+C_7^7$。

提高训练

1. 已知$C_{18}^{x}+C_{18}^{x+1}=C_{19}^{2x}$，求 x 的值。

2. 已知C_n^4，C_{n+1}^2，C_n^5 成等差数列，求 n 的值。

数学窗

幻　方①

在一个由若干个排列整齐的数组成的正方形中，任意一横行、一纵行及对角线的几个数之和都相等，具有这种性质的图表称为幻方。幻方又称为魔方、方阵或厅平方，最早起源于中国。中国古代称为“河图”“洛书”，又叫“纵横图”(图 8-2)。13 世纪，中国南宋数学家杨辉在世界上首先开展了对幻方的系统研究；14 世纪，欧洲数学家也开始了这方面的研究工作，著名数学家费尔玛、欧拉都进行过幻方研究。如今，幻方仍然是组合数学的研究课题之一。

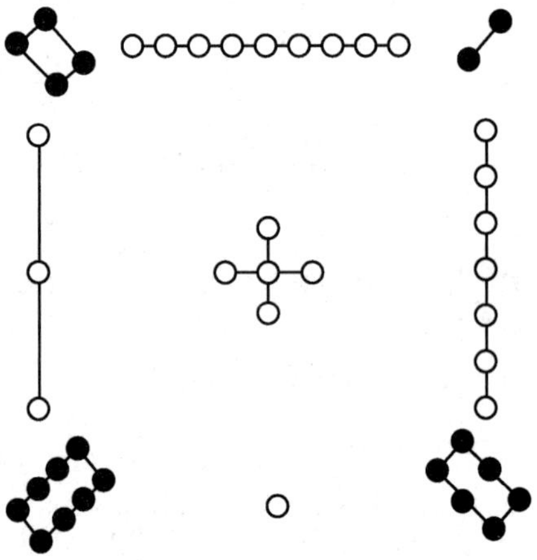

图 8-2

① 丁宗智：《幻方》，1—7 页，南京，东南大学出版社，1992。

8.4 排列与组合的应用

笔 记

知识要点

1. 排列问题与组合问题的共同点：都是从 n 个不同元素中，任取 m 个元素。

2. 排列问题与组合问题的区别：排列问题与顺序有关，组合与顺序无关。

3. 排列问题与组合问题的联系：排列问题实际上是先从 n 个不同元素中取出 m 个元素(组合问题)，再把这 m 个元素全排列。

4. 排列数与组合数的关系：$A_n^m = C_n^m\ A_m^m$。

典型例题

例 1 某小组共有 6 人，现从中推选 2 人：

(1)担任组长，共有多少种不同的推选方案？

(2)分别担任正、副组长，共有多少种不同的推选方案？

分析 (1)从 6 人中推选 2 人担任组长，与顺序无关，属于组合问题；

(2)从 6 人中推选 2 人分别担任正、副组长，与顺序有关，属于排列问题。

解 (1)$C_6^2 = \dfrac{6\times5}{2!} = 15$(种)。

即从 6 人中推选 2 人担任组长，共有 15 种不同的推选方案。

(2)$A_6^2 = 6\times5 = 30$(种)。

即从 6 人中推选 2 人分别担任正、副组长，共有 30 种不同的推选方案。

方法总结：首先要判断给定问题是排列问题还是组合问题，再利用排列数或组合数公式进行计算。

例 2 5 名学生到 4 个单位去实习，要求每个单位都必须有人去，共有多少种不同的分配方案？

分析 5 名学生到 4 个单位去实习，要求每个单位都必须有人去，可以分两步完成：第 1 步，把 5 名学生分成 4 个小组，其中有一个小组有 2 名学生，另外 3 个小组各有 1 名学生，共有 C_5^2 种不同的分配方法；第 2 步，把 4 组学生分配到 4 个实习单位，共有 A_4^4 种不同的分配方法。

解　$C_5^2A_4^4=10\times24=240$(种)。

即 5 名学生到 4 个单位去实习，要求每个单位都必须有人去，共有 240 种不同的分配方案。

方法总结：对于排列组合混合题，一般先选后排，即先分组后排列。

基础训练

改错与反思

1. $A_n^3=6C_n^4$，则 $n=$(　　)。

A. 6　　B. 7　　C. 8　　D. 9

2. 班级进行期中总结，共有 5 名学生发言，其中甲不排在最后两位发言，共有(　　)种不同的发言顺序。

A. 120　　B. 72　　C. 54　　D. 48

3. 若 100 件产品中有 3 件次品，则抽出 3 件产品中至少有 1 件次品的抽法共有(　　)种。

A. C_{100}^3　　B. $C_3^1C_{97}^2$

C. $C_3^1C_{97}^2+C_3^2C_{97}^1$　　D. $C_{100}^3-C_{97}^3$

4. 从 6 本不同的书中选出 3 本分给 3 名学生，共有________种不同的分法。

5. 从 6 本不同的书中选出 3 本送给小花，共有________种不同的选法。

6. 4 名男学生和 3 名女学生排成一列，要求男女相间，共有________种不同的排法。

7. 某班小组有 5 名学生：

(1)选 2 名学生参加学生座谈会，有多少种不同的选法？

(2)选 2 名学生分别担任两项不同的工作，有多少种不同的选法？

8. 平面内有 7 个点，其中无 3 点共线：

(1)可以连成多少条直线？

(2)可以连成多少条射线？

提高训练

1. 有 5 种不同的水稻种子和 4 块不同的试验田，现要选 3 种水稻种子在 3 块试验田里进行试验，共有多少种安排试验的方案？

2. 从集合 $M=\{1, 3, 5\}$ 与集合 $N=\{0, 2, 7, 9\}$ 中各取一个数作为直线方程 $Ax+By=0$ 的系数 A，B，能得到多少个不同的直线方程？

数学窗

七桥问题和欧拉定理①

七桥问题：18 世纪初，普鲁士的哥尼斯堡城，有一条河穿过，河上有两个小岛，有七座桥把两个岛与河岸联系起来(图 8-3)。有一个人提出了一个问题：一个步行者怎样才能不重复、不遗漏地一次走完七座桥，最后回到出发点。后来大数学家欧拉把它转化成一个几何问题——一笔画问题。

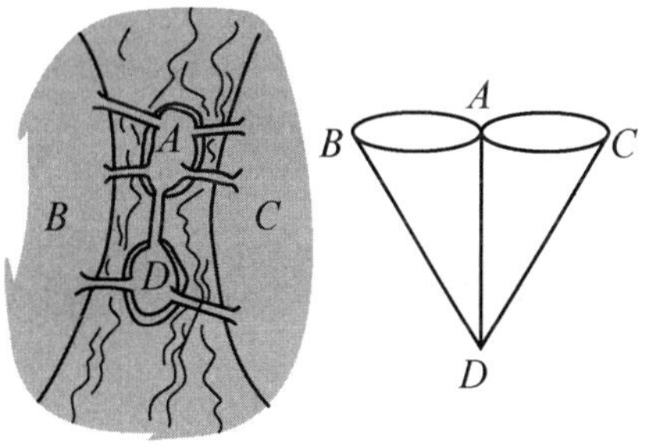

图 8-3

欧拉通过对七桥问题的研究，不但圆满地回答了哥尼斯堡居民提出的问题，而且得到并证明了更为广泛的有关一笔画的三条结论，人们通常称之为欧拉定理。对于一个连通图，通常把从某结点出发一笔画成所经过的路线叫作欧拉路。人们又通常把一笔画成回到出发点的欧拉路叫作欧拉回路。具有欧拉回路的图叫作欧拉图。

① 郭民，秦德生：《智慧数学》，31—33 页，长春，吉林人民出版社，2012。

8.5　二项式定理

8.5.1　二项式定理

知识要点

笔　记

1. 二项式定理：

$$(a+b)^n=C_n^0a^n+C_n^1a^{n-1}b+C_n^2a^{n-2}b^2+\cdots+C_n^ma^{n-m}b^m+\cdots+C_n^nb^n(n\in\mathbf{N}^*)。$$

2. 二项式定理中，右边的多项式叫作$(a+b)^n$的二项展开式，共有$n+1$项。

3. 二项式展开式中，$C_n^m(m=0,1,2,\cdots,n)$叫作二项式系数。

4. 二项展开式的通项公式：$T_{m+1}=C_n^ma^{n-m}b^m$。

典型例题

例 1　求$\left(x-\dfrac{2}{x}\right)^4$的二项展开式。

分析　二项式定理中的a在此题中为x，b在此题中为$-\dfrac{2}{x}$，在展开时要注意整体代入。

解　$\left(x-\dfrac{2}{x}\right)^4$

$$=C_4^0x^4+C_4^1x^3\left(-\frac{2}{x}\right)+C_4^2x^2\left(-\frac{2}{x}\right)^2+C_4^3x\left(-\frac{2}{x}\right)^3+C_4^4\left(-\frac{2}{x}\right)^4$$

$$=x^4+4x^3\left(-\frac{2}{x}\right)+6x^2\cdot\frac{4}{x^2}+4x\cdot\left(-\frac{8}{x^3}\right)+\frac{16}{x^4}$$

$$=x^4-8x^2+24-\frac{32}{x^2}+\frac{16}{x^4}。$$

方法总结：运用二项式定理展开，注意项数及各项的幂指数不要出错。

例 2　求$\left(\sqrt{x}-\dfrac{2}{x}\right)^6$的展开式中的常数项。

分析　先求二项展开式的通项公式并化简；再根据x的指数为0，可以

得出 m 的值；把 m 的值代回通项公式即可求得常数项。

解 $T_{m+1}=C_6^m(\sqrt{x})^{6-m}\left(-\frac{2}{x}\right)^m$

$=(-2)^m\cdot C_6^m x^{\frac{6-m}{2}}x^{-m}$

$=(-2)^m\cdot C_6^m x^{\frac{6-3m}{2}}$。

由 $\frac{6-3m}{2}=0$，得 $m=2$。

所以，所求的常数项是 $T_3=(-2)^2\cdot C_6^2=60$。

方法总结：第一步，写出二项展开式的通项公式并化简；第二步，根据题中条件确定 m 的值；第三步，把 m 的值代入求得结果。

基础训练

改错与反思

1. 若 $(2a-3b)^n$ 的展开式有 10 项，则 n 的值为(　　)。

A. 8　　B. 9　　C. 10　　D. 11

2. 在 $(a-b)^{10}$ 的展开式中，第 4 项的系数是(　　)。

A. C_{10}^4　　B. C_{10}^3　　C. $-C_{10}^4$　　D. $-C_{10}^3$

3. 在 $(a-3b)^n$ 的展开式中第 3 项的二项式系数与第 7 项的二项式系数相等，则 n 的值为(　　)。

A. 8　　B. 10　　C. 12　　D. 14

4. 在 $(1-x)^7$ 的展开式中系数最小的项是(　　)。

A. 第 1 项　　B. 第 3 项　　C. 第 4 项　　D. 第 8 项

5. $(x-2y)^5$ 的展开式中的第 2 项为__________。

6. 在 $\left(\sqrt[3]{x}-\frac{2}{x}\right)^9$ 的展开式中，第 6 项的二项式系数为__________。

7. 在 $\left(\sqrt{x}-\frac{1}{x}\right)^8$ 的展开式中，倒数第 2 项的系数为__________。

8. 求 $(1-2x)^5$ 的二项展开式。

9. 求 $\left(2\sqrt{x}-\frac{1}{x}\right)^9$ 的展开式中的常数项。

提高训练

1. 已知$\left(x^2+\dfrac{1}{x}\right)^n$的展开式中只有第 4 项的系数最大，求倒数第 2 项。

2. 已知$(x-1)^n$的展开式中的前三项系数之和为 29，求展开式中含x^3的项。

8.5.2　二项式系数的性质

知识要点

笔　记

1. 在$(a+b)^n$的二项展开式中，其二项式系数具有对称性，即$C_n^m=C_n^{n-m}$。

2. 在$(a+b)^n$的二项展开式中，二项式系数先由 1 逐渐增至最大，再逐渐减小至 1，居中的一项(n为偶数时)或两项(n为奇数时)二项式系数最大。

3. 在$(a+b)^n$的二项展开式中，所有的二项式系数之和为2^n，即$C_n^0+C_n^1+C_n^2+\cdots+C_n^n=2^n$。

4. 在$(a+b)^n$的二项展开式中，所有奇数项的二项式系数之和等于所有偶数项的二项式系数之和，即$C_n^0+C_n^2+C_n^4+\cdots=C_n^1+C_n^3+C_n^5+\cdots$。

典型例题

例 1　求$\left(x-\dfrac{1}{x}\right)^6$的展开式中二项式系数最大的项。

分析　此题中$n=6$，展开式共有 7 项，第 4 项的二项式系数最大。

解　二项式系数最大的项为

$$T_4=C_6^3x^3\left(-\frac{1}{x}\right)^3=-20。$$

方法总结：根据二项式系数的性质，二项式系数最大的项居中，由此找到此项，再利用二项展开式的通项公式求解。

例 2　求 8^{2022} 除以 7 的余数。

分析　把 8^{2022} 化为 $(7+1)^{2022}$，然后展开，展开式的前 2022 项都是 7 的倍数，最后一项便为余数。

解　$8^{2022}=(7+1)^{2022}=C_{2022}^0\times7^{2022}+C_{2022}^1\times7^{2021}+C_{2022}^2\times7^{2020}+\cdots+C_{2022}^{2021}\times7+C_{2022}^{2022}$

$=7\times(C_{2022}^0\times7^{2021}+C_{2022}^1\times7^{2020}+C_{2022}^2\times7^{2019}+\cdots+C_{2022}^{2021})+1$

所以，8^{2022} 除以 7 的余数为 1。

方法总结：利用二项式定理展开，找到所有 7 的倍数的项，余数即与剩下的项相关。

基础训练

改错与反思

1. $(2a-b)^n$ 的展开式中只有第 5 项的二项式系数最大，则 n 的值为(　　)。

A. 7　　B. 8　　C. 9　　D. 10

2. $C_9^1+C_9^3+C_9^5+C_9^7=$(　　)。

A. 255　　B. 256　　C. 511　　D. 512

3. $\left(x-\frac{1}{x}\right)^9$ 的展开式中系数最小的项是(　　)。

A. 第 1 项　　B. 第 5 项　　C. 第 6 项　　D. 第 10 项

4. 在 $(a-x)^6$ 的展开式中，中间项的系数是 160，则 $a=$________。

5. 1.003^7 的近似值为________。(精确到 0.001)

6. 若 $(1-2x)^7=a_0+a_1x+a_2x^2+a_3x^3+a_4x^4+a_5x^5+a_6x^6+a_7x^7$，则 $a_0+a_1+a_2+a_3+a_4+a_5+a_6+a_7=$________。

7. 求 $(x-2y)^7$ 的展开式中二项式系数最大的项。

8. 已知$\left(x^{2}-\frac{2}{x}\right)^{n}$的展开式中，第 3 项的二项式系数与第 7 项的二项式系数相等，求：

(1)n 的值；

(2)展开式中含 x^{4} 的项。

提高训练

1. 已知$\left(\sqrt{x}-\frac{2}{x}\right)^{n}$的展开式中，所有奇数项的二项式系数之和为 512，求二项式系数最大的项。

2. 求$(x+5)^{7}$的展开式中系数最大的项。

数学窗

二项式定理发展史[①]

二项式定理最初用于开高次方。在中国，成书于1世纪的《九章算术》提出了世界上最早的多位正整数开平方、开立方的一般程序。11世纪中叶，贾宪在其《释锁算书》中给出了“开方作法本原图”(图8-4)，满足了三次以上开方的需要。此图即为直到六次幂的二项式系数表，但是，贾宪并未给出二项式系数的一般公式，因而未能建立一般正整数次幂的二项式定理。13世纪，杨辉在其《详解九章算法》中引用了此图，并注明了此图出自贾宪的《释锁算书》。贾宪的著作已经失传，而杨辉的著作流传至今，所以今称此图为“贾宪三角”或“杨辉三角”。

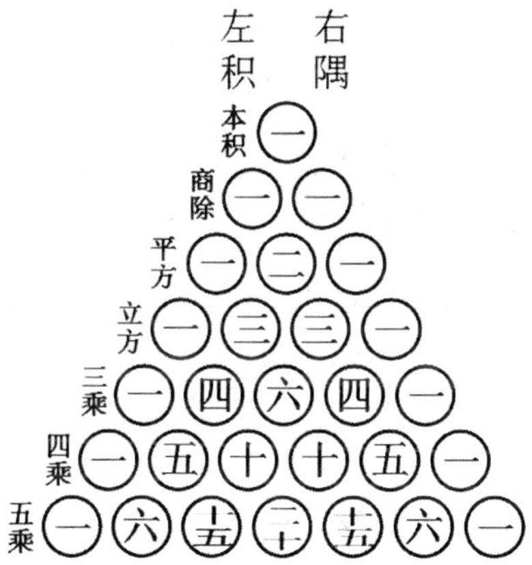

图 8-4

① 方倩：《“二项式定理”：在历史中探源、求法、寻魅》，载《教育研究与评论(中学教育教学)》，2016(09)。

笔　记

8.6　简单应用举例

知识要点

一般地，将 n 个不同的元素平均分成 m 堆(每堆 k 个)，其分组方法共有$\frac{C_n^k C_{n-k}^k \cdots C_k^k}{A_m^m}$种。

典型例题

例　将 5 本书分成 3 堆，每堆分别为 2 本、2 本、1 本，共有多少种不同的分组方法?

分析　5 本书分成 3 堆，每堆分别为 2 本、2 本、1 本，先计算从 5 个不同的元素中分 3 次依次选取 2 个、2 个、1 个元素的组合数，再除以 2 个元素的全排列。因为此处平均分组的是 2 本、2 本，它们与 1 本的组之间不可能出现重复，所以只需要除以 2 个元素的全排列。

解　将 5 本书分成 3 堆，每堆分别为 2 本、2 本、1 本，不同的分组方法共有

$$\frac{C_5^2 C_3^2 C_1^1}{A_2^2}=\frac{10\times3\times1}{2}=15(\text{种})。$$

方法总结：利用平均分堆的分组计算公式求解，注意分母的全排列数不能出错。

基础训练

改错与反思

1. 将 4 张电影票分成 4 份，共有(　　)种不同的分法。

A. 1　　B. 6　　C. 12　　D. 24

2. 将 4 张电影票分给 4 位学生，共有(　　)种不同的分法。

A. 1　　B. 6　　C. 12　　D. 24

3. 将 4 支不同颜色的花平均分插在 2 个不同的花瓶中，每个花瓶 2 朵花，共有(　　)种不同的插花方法。

A. 3　　B. 6　　C. 8　　D. 24

4. 将 8 块形状各异的积木分成 2 组，每组 4 块，共有________种不同的分法。

5. 将 8 块形状各异的积木分成 4 组，每组 2 块，共有________种不同

的分法。

6. 将 6 盆不同的花分成 3 堆，每堆 2 盆，共有多少种不同的分法？

7. 将 9 件不同的衣服分成 3 堆，每堆 3 件，共有多少种不同的分法？

提高训练

1. 将 9 棵不同的树苗分成 3 堆，每堆分别为 5 棵、2 棵、2 棵，共有多少种不同的分法？

2. 将 5 名医生分配到 3 个学校为学生体检，每个学校至少 1 名医生，共有多少种不同的分配方案？

数学窗

科克曼女生问题[①]

1850 年，英国科克曼在《女士与先生之日记》杂志上发表了题为《科克曼女生问题》的文章，提出了 15 个女生问题：一位女教师每天带领班上的 15 名女生去散步，她把这些女生按 3 人一组分成 5 组，问能不能做出一个连续散步 7 天的分组计划，使得任意 2 名女生曾被分到一组且仅被分到一组。也就是说，随便从 15 名女生中挑出 2 名，她俩在一周所成的 35 个小组里必

① 王修智，展涛：《数与形(数学卷)》，286—287 页，济南，山东科学出版社，2007。

在一组中见过一面，且仅见过一面。过了100多年，直到1974年，这一问题由德尼斯顿借助于电子计算机得到解决。科克曼女生问题激起了数学兴趣的浪潮，吸引了许多数学家，推动了组合数学的发展。

数学欣赏

二进制

信息时代，我们的生活离不开计算机，其中的视频、图片，阅读的文字、数字和符号，听到的音乐，其实都是一串由0和1组合的序列。这就是我们计算机经常使用的二进制数。二进制的发明者是莱布尼茨。二进制是在数学和数字电路中以2为基数的记数系统，是以2为基数代表系统的二进位制。这一系统中，通常用两个不同的符号0(代表零)和1(代表一)来表示。二进制的两个符号0和1在物理技术上容易实现，如用电压的高低两个状态分别表示1和0两个符号；二进制的两个符号0和1正好与逻辑量“假”和“真”相对应，可进行思维计算。二进制数与十进制数之间的转换相当容易。如十进制数1024，即2^{10}，用二进制表示为10000000000。数字电子电路中，逻辑门的实现直接应用了二进制，现代的计算机和依赖计算机的设备里都使用二进制。每个数字称为一个比特(bit，binary digit的缩写)。

二进制主要有如下特点。

1. 状态简单：二进制只使用0和1两个数字组成，状态种类少，非常方便。

2. 稳定性好，可靠性高：可以将低电平和高电平划分为0和1两种状态。举例来说，我们知道，计算机的主存储器由晶体管组成。晶体管可在高电平(1)和低电平(0)两种状态之间转换。即使受到电磁干扰，电压会存在波动，我们也能很好地分辨0和1两种状态。

3. 运算简单：与十进制相比，虽然二进制表示一个数的位数过多，但是对于计算机来说，计算0和1两个状态，比计算0～9十个状态更为简单。进位规则“逢二进一”，借位规则“借一当二”。对于计算机来说，二进制的运算规则简单。

4. 通用性强：二进制可以清楚地划分是非对错。利用二进制，我们可以设计出基础的与、或、非逻辑运算元件并进行扩展。

因为有这么多优点，二进制被作为目前计算机唯一可识别和接受的语言，即机器语言。我们在开发、测试软件时常用的C，C＋＋，Java，Python等程序语言属于高级语言，它们最后都须转化为机器语言后才能被计算机识别和执行。

第 9 单元 · 随机变量及其分布

9.1 离散型随机变量及其分布

9.1.1 离散型随机变量

知识要点

笔 记

1. 随机试验中确定了一个对应关系，使得每一个试验可能出现的结果都用一个确定的数字表示。在这个对应关系下，数字随着试验结果的变化而变化。像这样随着随机试验结果的变化而取值的变量，叫作随机变量。

2. 随机变量的取值可以一一列举出来的随机变量，叫作离散型随机变量。

典型例题

例 1 袋中有 4 个白球，3 个黑球，从中任取 2 个球，可以作为随机变量的是(　　)。

A. 取到球的个数　　　　B. 取到白球的个数

C. 至少有一个白球的概率　　　　D. 至多有一个白球的概率

分析 本题主要考查随机变量的概念。选项 A 取到球的个数始终是 2 个，不会发生变化，所以不是随机变量，选项 C，D 表达的都是事件的概率，不是表达随机试验的结果，所以也不是随机变量，选项 B 表达的是取到白球的个数，在这个随机试验中取到白球的个数可以是 0 个、1 个、2 个，所以符合随机变量的概念。

答案：B。

例 2　判断以下随机变量是否是离散型随机变量。

(1)先后抛掷两枚质地均匀的硬币，正面朝上的硬币个数 X；

(2)某地铁站在一个月中每天的出站人数 X；

(3)某人在一天中走的路程 Y；

(4)先后抛掷两枚均匀骰子，两枚骰子朝上的点数之和 Y。

分析　本题主要考查离散型随机变量的概念，(1)(2)(4)这三个情境中，随机变量的取值是可以被一一列举出来的，所以是离散型随机变量，(3)这样的情境，某人一天中走的路程应该是一个大于或等于 0 的实数，并不能一一列举出来，所以不是离散型随机变量。

答案：(1)(2)(4)。

改错与反思

基础训练

1. 某射手连续两次射击某目标，X 表示击中目标的次数，X 的取值为________。

2. 随机抛掷出一枚均匀骰子，正面朝上的点数为 Y，Y 的取值为________。

3. 在 30 件产品中，有 5 件次品，其余是正品，从中任意抽取 5 件产品，可能出现次品件数为 X，X 的取值为________。

4. 某射手连续 2 次射击某目标，X 表示击中目标的次数，$\{X=1\}$表示什么样的随机事件？

5. 随机抛掷出一枚均匀骰子，正面朝上的点数为 Y，$\{Y\geqslant 3\}$表示什么样的随机事件？

6. 在 30 件产品中，有 5 件次品，其余是正品，从中任意抽取 5 件产品，可能出现次品件数为 X，$\{X=4\}$，$\{2<X\leqslant 4\}$分别表示什么样的随机事件？

提高训练

1. 某网页在一天内被浏览的次数记为 X，X 是不是随机变量？如果 X 是随机变量，X 是不是离散型随机变量？如果 X 是离散型随机变量，X 可以取哪些值？

2. 一个口袋内装有大小相同，编号分别为 1，2，3，4，5 的小球各 2 只，现从该口袋中随机取出 3 只球，设被取出的球的最大号码为 X。写出随机变量 X 可能取的值，并说明$\{X=3\}$，$\{X=4\}$分别表示什么样的随机事件？

9.1.2 离散型随机变量分布列及其数字特征

知识要点

笔 记

1. 离散型随机变量的分布列

一般地，如果离散型随机变量 X 可能取的不同值为

$$x_1,\ x_2,\ \cdots,\ x_i,\ \cdots,\ x_n,$$

X 取每一个值 $x_i(i=1,\ 2,\ \cdots,\ n)$的概率 $P(X=x_i)=p_i$，如表 9-1 所示。

表 9-1

X	x_1	x_2	$\cdots$	x_i	$\cdots$	x_n
P	p_1	p_2	$\cdots$	p_i	$\cdots$	p_n

表 9-1 称为离散型随机变量 X 的概率分布列，简称为 X 的分布列。有时 X 的分布列可以简单地表示为

$$P(X=x_i)=p_i(i=1,\ 2,\ \cdots,\ n)。$$

离散型随机变量 X 的概率分布列具有下列性质：

(1)$p_i \geqslant 0$，$i=1,\ 2,\ \cdots,\ n$；

(2) $\sum_{i=1}^{n} p_i = p_1+p_2+\cdots+p_n=1.$

2. 离散型随机变量的数字特征

一般地，我们把 $\sum_{i=1}^{n} x_i p_i = x_1p_1+x_2p_2+\cdots+x_ip_i+\cdots+x_np_n$ 叫作离散型随机变量 X 的数学期望(简称期望或者均值)，记作 $E(X)$，即

$$E(X)=\sum_{i=1}^{n} x_i p_i = x_1p_1+x_2p_2+\cdots+x_ip_i+\cdots+x_np_n。$$

把 $\sum_{i=1}^{n}[x_i-E(X)]^2p_i=[x_1-E(X)]^2p_1+[x_2-E(X)]^2p_2+\cdots+[x_i-E(X)]^2p_i+\cdots+[x_n-E(X)]^2p_n$ 叫作离散型随机变量 X 的方差，记作 $D(X)$，即

$$D(X)=\sum_{i=1}^{n}[x_i-E(X)]^2p_i$$
$$=[x_1-E(X)]^2p_1+[x_2-E(X)]^2p_2+\cdots+[x_i-E(X)]^2p_i+\cdots+[x_n-E(X)]^2p_n$$

把离散型随机变量 X 的方差的算术平方根 $\sqrt{D(X)}$ 叫作随机变量的标准差。

3. 伯努利试验与两点分布

如果离散型随机变量 X 的分布列如表 9-2 所示，则称离散型随机变量 X 的概率分布为两点分布，又称 0－1 分布。

在数学上只有两个可能结果的随机试验叫作伯努利试验，两点分布也叫作伯努利分布。

表 9-2

X	0	1
P	$1-p$	p

典型例题

例 1　一个口袋内装有大小相同的 3 个红球、2 个白球，从中任意取出 3 个球，设被取出的 3 个球中白球的个数为 X，试写出 X 的分布列，并求出 X 的数学期望和方差。

分析　要求随机变量的分布列，首先需要求出随机变量的取值，再求出每一个取值所对应的概率值，列出分布列，再用数学期望和方差的基本公式求出随机变量的数学期望和方差。

解　依题意可知，从袋内任意取出 3 个球的结果有 $C_5^3=10$ 种，X 的取值为 0，1，2。

当 $X=0$ 时，从袋内随机取出 3 个球的结果有 $C_3^3=1$ 种，概率

$$P(X=0)=\frac{C_3^3}{C_5^3}=\frac{1}{10}。$$

当 $X=1$ 时，从袋内随机取出 3 个球的结果有 $C_3^2C_2^1=6$ 种，概率

$$P(X=1)=\frac{C_3^2C_2^1}{C_5^3}=\frac{6}{10}=\frac{3}{5}。$$

当 $X=2$ 时，从袋内随机取出 3 个球的结果有 $C_3^1C_2^2=3$ 种，概率

$$P(X=2)=\frac{C_3^1C_2^2}{C_5^3}=\frac{3}{10}。$$

所以，随机变量 X 的分布列如表 9-3 所示。

表 9-3

X	0	1	2
P	$\frac{1}{10}$	$\frac{3}{5}$	$\frac{3}{10}$

随机变量 X 的数学期望为

$$E(X)=0\times\frac{1}{10}+1\times\frac{3}{5}+2\times\frac{3}{10}=\frac{12}{10}=\frac{6}{5}。$$

随机变量 X 的方差为

$$D(X)=\left(0-\frac{6}{5}\right)^2\times\frac{1}{10}+\left(1-\frac{6}{5}\right)^2\times\frac{3}{5}+\left(2-\frac{6}{5}\right)^2\times\frac{1}{10}$$

$$=\frac{36+6+16}{250}$$

$$=\frac{29}{125}。$$

例 2　若离散型随机变量 X 的分布列如表 9-4 所示。

表 9-4

X	0	1
P	$2a^2$	$2-3a$

试求出常数 a，并求出随机变量 X 的数学期望。

分析　本题主要考查离散型随机变量分布列的性质，所有的概率之和为 1，每一个概率值都大于或等于 0、小于或等于 1。我们可以利用分布列的性质构造关于 a 的方程，进而求出常数 a，再利用求数学期望的公式解决问题。

解　由题意可知 $2a^2+2-3a=1$，即 $2a^2-3a+1=0$，解得

$$a=\frac{1}{2}或 a=1。$$

检验，当 $a=1$ 时 $2a^2=2$，$2-3a=-1$ 不合题意，舍去。

当 $a=\frac{1}{2}$时，$2a^2=\frac{1}{2}$，$2-3a=\frac{1}{2}$符合题意。

所以 $a=\frac{1}{2}$，此时随机变量的分布列如表 9-5 所示。

表 9-5

X	0	1
P	$\frac{1}{2}$	$\frac{1}{2}$

所以 $E(X)=0\times\frac{1}{2}+1\times\frac{1}{2}=\frac{1}{2}$。

改错与反思

基础训练

1. 随机变量 X 服从参数为$\frac{1}{4}$的两点分布，则 $P(X=0)=$________。

2. 已知某随机变量 ξ 的分布列如表 9-6 所示($q\in\mathbf{R}$)

表 9-6

ξ	1	-1
P	$\frac{1}{3}$	q

那么 ξ 的数学期望 $E(\xi)=$________，ξ 的方差 $D(\xi)=$________。

3. 已知随机变量 X 的分布列如表 9-7 所示。

表 9-7

X	0	1	2	3
P	a	0.1	0.2	0.3

则 $a=$________，$P(X\leqslant 2)=$________。

4. 随机变量 X 只能取 1，2，3，4，…，9 这 9 个值，且取得每个值的概率相同，则 $P(X>5)=$________，$P(3<X\leqslant 7)=$____________。

5. 袋中装有大小相同的红球 3 个，黑球 2 个，从袋中每次任意取出 1 个球，取出后不放回，直到取出的球是红球为止，所需要取球的次数 ξ 为随机变量，则 ξ 的取值可能为________。

6. 离散型随机变量 X 的分布列如表 9-8 所示。

表 9-8

X	1	2	3
P	p_1	p_2	$\frac{1}{4}$

且 $E(X)=2$，则 $p_1=$________，$p_2=$________。

提高训练

1. 从编号分别为 1，2，3，4，5 的 5 个大小完全相同的小球中，随机取出 2 个小球，记取出的 2 个小球编号之和为 X，请写出随机变量 X 的概率分布。

2. 设随机变量 ξ 的分布列 $P\left(\xi=\frac{k}{10}\right)=ak$，其中 $k=1，2，3，4$，a 为常数。

(1)求常数 a 的值；

(2)求事件 $\left\{\xi \middle| \xi\geqslant\frac{3}{10}\right\}$ 的概率；

(3)求事件 $\left\{\xi \middle| \frac{1}{10}<\xi<\frac{7}{10}\right\}$ 的概率。

数学窗

许宝騄

图 9-1　许宝騄

许宝騄(1910—1970)(图 9-1)，字闲若，出生于北京，数学家，中央研究院第一届院士、中国科学院学部委员，北京大学数学系教授。

许宝騄主要从事数理统计学和概率论研究，最先发现线性假设的似然比检验(F 检验)的优良性，给出了多元统计中若干重要分布的推导，推动了矩阵论在多元统计中的应用，与赫伯特·罗宾斯(Herbert Robbins)一起提出的完全收敛的概念是对强大数定律的重要加强。

许宝騄被公认为在数理统计学和概率论方面第一个具有国际声望的中国数学家，在中国开创了概率论、数理统计的教学与研究工作。在奈曼—皮尔逊理论、参数估计理论、多元分析、极限理论等方面取得了卓越成就，是多元统计分析学科的开拓者之一 。许宝騄不仅自己在多元分析方面有很多开创性的工作，还培养了像安德森、奥肯等国际上多元分析学术带头人，所以许宝騄被公认为多元统计分析的奠基人之一。许宝騄的照片悬挂在美国斯坦福大学统计系的走廊上，与其他世界著名的统计学家并列。

9.2 二项分布

知识要点

笔 记

1. 独立重复试验

一般地，在相同条件下，重复进行 n 次试验，如果每次试验的结果都是独立的，那么这 n 次重复试验，叫作 n 次独立重复试验。

2. n 次伯努利试验

一般地，在 n 次独立重复试验中，如果每次试验的结果只有两个，它们相互独立，就是只考虑两个事件 A 和 $\overline{A}$，而且在每次试验中，事件 A 发生的概率都不变，这样的 n 次独立重复试验叫作 n 次伯努利试验。

3. 二项分布

一般地，如果在一次试验中某事件 A 发生的概率是 p，随机变量 ξ 为 n 次独立事件中 A 发生的次数，那么，随机变量 ξ 的分布列如表 9-9。

表 9-9

ξ	0	1	…	k	…	n
P	$C_n^0(1-p)^{n-0}p^0$	$C_n^1(1-p)^{n-1}p^1$	…	$C_n^k(1-p)^{n-k}p^k$	…	$C_n^n(1-p)^0p^n$

其中 $0<p<1$，$0<1-p<1$，$k=0$，1，2，…，n。

我们把这种形式的离散型随机变量 ξ 的概率分布列叫作二项分布，称离散型随机变量 ξ 服从参数为 n 和 p 的二项分布，记作 $\xi\sim B(n,\ p)$。

典型例题

例 1 某产品的次品率为 0.1，进行重复抽样检查，选取 5 件产品，求

(1)其中恰有 3 件次品的概率；

(2)其中至少有 3 件次品的概率。

分析 本题考查的是二项分布的基本内容，可以根据二项分布的概率公式求解问题(1)。对于问题(2)，需要理解至少有 3 件次品的含义，进而将问题转化为二项分布的概率问题来解决。

解 (1)设恰有 3 件次品为事件 A，则

$$P(A)=C_5^3\times 0.1^3\times 0.9^2=0.008\ 1。$$

(2)至少有 3 件次品，包含恰有 3 件次品，恰有 4 件次品，恰有 5 件

次品。

设至少有 3 件次品为事件 B，则

$$P(B)=C_5^3\times 0.1^3\times 0.9^2+C_5^4\times 0.1^4\times 0.9+C_5^5\times 0.1^5$$
$$=0.0081+0.00045+0.00001$$
$$=0.00856。$$

例 2　设随机变量 $X\sim B(2,\ p)$，随机变量 $Y\sim B(3,\ p)$，若 $P(X\geqslant 1)=\frac{5}{9}$，求 $P(Y\geqslant 1)$。

分析　本题是对二项分布符号表达形式的考查，重点需要理解每一个符号所表达的含义，同时还需要恰当地使用独立事件的概率。

解法一　因为随机变量 $X\sim B(2,\ p)$，$P(X\geqslant 1)=\frac{5}{9}$，所以 $P(X=1)+P(X=2)=\frac{5}{9}$。

所以 $$C_2^1p(1-p)+C_2^2p^2=\frac{5}{9}。$$

即 $$2p(1-p)+p^2=\frac{5}{9}。$$

$$2p-p^2=\frac{5}{9}。$$

$$9p^2-18p+5=0。$$

$$(3p-1)(3p-5)=0。$$

解得 $p=\frac{1}{3}$或 $p=\frac{5}{3}$(舍去)。

因为随机变量 $Y\sim B(3,\ p)$，所以

$$P(Y\geqslant 1)=P(Y=1)+P(Y=2)+P(Y=3)$$
$$=C_3^1\times\frac{1}{3}\times\left(\frac{2}{3}\right)^2+C_3^2\times\left(\frac{1}{3}\right)^2\times\frac{2}{3}+C_3^3\times\left(\frac{1}{3}\right)^3$$
$$=\frac{4}{9}+\frac{2}{9}+\frac{1}{27}$$
$$=\frac{19}{27}。$$

解法二　因为随机变量 $X\sim B(2,\ p)$，$P(X\geqslant 1)=\frac{5}{9}$，所以 $P(X<1)=\frac{4}{9}$。

即 $$C_2^0 p^0(1-p)^2=\frac{4}{9}。$$

解得$1-p=\pm\frac{2}{3}$。

$p=\frac{1}{3}$或$p=\frac{5}{3}$(舍去)。

因为随机变量$Y\sim B(3,p)$，所以

$$\begin{aligned}P(Y\geqslant 1)&=1-P(Y<1)\\&=1-C_3^0\times\left(\frac{1}{3}\right)^0\times\left(\frac{2}{3}\right)^3\\&=\frac{19}{27}。\end{aligned}$$

基础训练

改错与反思

1. 某射击手命中率为0.6，他连续射击2次，恰有1次命中的概率为(　　)。

A. 0.24　　B. 0.12　　C. 0.48　　D. 0.36

2. 将一枚质地均匀的硬币随机抛掷3次，恰有2次正面向上的概率为(　　)。

A. $\frac{1}{4}$　　B. $\frac{1}{8}$　　C. $\frac{3}{4}$　　D. $\frac{3}{8}$

3. 某车床加工某种零件，正品率为0.8，加工4件这样的零件，恰有2件正品的概率为(　　)。

A. 0.8^2　　B. $0.8^2\times 0.2^2$

C. $6\times 0.8^2\times 0.2^2$　　D. $2\times 0.8^2\times 0.2^2$

4. 设每门高射炮击中敌机的概率都为0.8，今要以大于99%的概率击中敌机，则至少应配备(　　)门同时射击的高射炮。

A. 5　　B. 4　　C. 3　　D. 2

5. 设随机变量$\xi\sim B\left(3,\frac{1}{4}\right)$，则$P(\xi=2)=$________。

6. 袋中有3个黑球、2个红球，从中有放回地逐个取2次球，这两次取出的球中恰有1个红球的概率为__________。

提高训练

1. 已知有一箱产品共5件，其中有2件不合格，每次取1件，有放回

地抽取 3 次。

(1)若记 3 次抽取中取到不合格品的件数为 X，求 X 的分布列；

(2)求事件“至少取到 1 件不合格品”的概率。

2. 有甲、乙两名篮球运动员，甲投篮命中率为 0.8，乙投篮命中率为 0.6，现每人各投篮 2 次。求：

(1)甲恰好 2 次都投中的概率；

(2)乙至少有 1 次投中的概率；

(3)甲比乙投中次数多的概率。

数学窗

皮尔逊[①]

图 9-2　皮尔逊

皮尔逊(1857—1936)(图 9-2)是英国数学家、生物统计学家、数理统计学的创立者、自由思想者，是 20 世纪科学革命和哲学革命的先驱，对生物统计学、气象学、社会达尔文主义理论和优生学作出了重大贡献。他被公认是旧派理学派和描述统计学派的代表人物，并被誉为现代统计科学的创立者。皮尔逊在生物学家高尔顿和韦尔顿的影响下，从 19 世纪 90 年代初开始进军生物统计学。他认为生物现象缺乏定量研究是不行的，决心要使进化论在一般定性叙述的基础之上，进一步进行数量描述和定量分析。他不断运用统计方法对生物学、遗传学、优生学作出新的贡献。同时，他在先辈们善于赌博机遇的概率论研究的基础上，导入了许多新的概念，把生物统计方法提炼成为一般处理统计资料的通用方法，发展了统计方法论，把概率论与统计学两者熔为一炉。

① 姚存峰：《卡尔·皮尔逊——数理统计学的奠基者》，载《数理统计与管理》，1991(04)。

9.3 正态分布

笔 记

知识要点

1. 概率密度曲线

如果样本容量无限增大，组距无限缩小，那么频率直方图中的小矩形的顶部就会无限地接近一条光滑的曲线 $y=f(x)$，我们把这条曲线叫作概率密度曲线。

2. 正态分布

一般地，如果随机变量的概率密度曲线是

$$f(x)=\frac{1}{\sqrt{2\pi}\sigma}e^{-\frac{(x-\mu)^2}{2\sigma^2}}, \quad x\in(-\infty, +\infty),$$

其中 μ，σ 是常数，$\sigma>0$（μ 是期望，σ^2 是方差，σ 是标准差），那么称随机变量 ξ 服从参数为 μ，σ^2 的正态分布，简记为 $\xi\sim N(\mu, \sigma^2)$。这时，我们把随机变量 ξ 的概率密度曲线叫作正态曲线，ξ 叫作正态随机变量。μ，σ 是两个重要参数。

3. 标准正态分布

$\mu=0$，$\sigma=1$ 时的正态分布，即 $\xi\sim N(0, 1)$ 叫作标准正态分布，相应的曲线叫作标准正态分布曲线。

4. 小概率事件

随机变量取值于某区间内的概率值很小，在一次试验中几乎不可能发生，通常称这些事件为小概率事件。

典型例题

例 已知服从正态分布 $N(\mu, \sigma^2)$ 的随机变量，在区间 $(\mu-\sigma, \mu+\sigma)$，$(\mu-2\sigma, \mu+2\sigma)$ 和 $(\mu-3\sigma, \mu+3\sigma)$ 内取值的概率分别约为 68.3%，95.4% 和 99.7%。某大型国有企业为 10 000 名员工定制工作服，设员工的身高（单位：cm）服从正态分布 $N(173, 5^2)$，求适合身高在 163～183 cm 范围内的员工穿的服装大约要定制多少套。

分析 本题主要考查正态分布中随机变量分别落在区间 $(\mu-\sigma, \mu+\sigma)$，$(\mu-2\sigma, \mu+2\sigma)$ 及 $(\mu-3\sigma, \mu+3\sigma)$ 内所对应的概率值及其应用。对于情境

给出的区间，要先转化为上述三个区间中的某一个，再利用概率值求解。

解　由条件可知员工的身高服从正态分布 $N(173, 5^2)$，所以身高区间(163，183)可以理解为区间$(\mu-2\sigma, \mu+2\sigma)$。

根据正态分布的概率，随机变量落在区间$(\mu-2\sigma, \mu+2\sigma)$内的概率约为 95.4%。

所以大约有 95.4%的员工身高在上述范围内。

该企业共有 10 000 名员工，所以适合身高在 163～183 cm 范围内的员工穿的服装大约要定制 9 540 套。

基础训练

改错与反思

1. 在某项测量中，测量结果 ξ 服从正态分布 $N(1, \sigma^2)$，若 ξ 在(0，1)内取值的概率为 0.4，则 ξ 在(1，2)内的取值概率为(　　)。

A. 0.4　　B. 0.6　　C. 0.8　　D. 0.9

2. 已知随机变量 X 服从正态分布 $N(4, \sigma^2)$，则 $P(X>4)=$(　　)。

A. $\frac{1}{5}$　　B. $\frac{1}{4}$　　C. $\frac{1}{3}$　　D. $\frac{1}{2}$

3. 随机变量 X 服从正态分布 $N(\mu, \sigma^2)$时，对应的正态曲线形状越“矮胖”，则(　　)。

A. μ 越大　　B. μ 越小　　C. σ 越大　　D. σ 越小

4. 某厂生产的零件尺寸服从 $\xi \sim N(9, 0.15^2)$(单位：mm)，今从该厂上午、下午生产的零件中各抽取 1 个，测得零件尺寸为 8.9 mm，8.5 mm，则可以认为(　　)。

A. 上午、下午生产情况均正常

B. 上午、下午生产情况均异常

C. 上午生产情况正常，下午生产情况异常

D. 上午生产情况异常，下午生产情况正常

5. 抽样调查表明，某校某次考试成绩近似服从正态分布，已知考试的平均成绩为 500 分，$P(400<X<450)=0.2$，则 $P(550<X<600)=$________。

6. 某产品的指标服从正态分布 $N(\mu, \sigma^2)$，其总体密度函数为 $f(x)=\frac{1}{\sqrt{6\pi}}e^{-\frac{(x-2)^2}{6}}$，则 $\mu=$________，$\sigma=$________。

提高训练

1. 在某次数学测试中，考生的成绩 X 满足 $X \sim N(95, 100)$。

(1)求考试成绩位于区间(75，115)内的概率。

(2)若这次考试共有 2 000 名考生，试估计考试成绩在区间(85，105)内的考生大约有多少人。

2. 已知随机变量 X 服从正态分布 $N(1, \sigma^2)$，且 $P(X>3)=0.023$，试求以下概率。

(1)$P(-1<X<3)$；

(2)$P(-1<X<1)$。

数学窗

泊松[①]

西莫恩・德尼・泊松(1781—1840)(图 9-3)，法国数学家、几何学家和物理学家。1781 年 6 月 21 日生于法国卢瓦雷省的皮蒂维耶，1840 年 4 月 25 日卒于法国索镇。1798 年泊松进入巴黎综合工科学校深造，受到拉普拉斯、拉格朗日的赏识，1800 年毕业后留校任教，1802 年任副教授，1806 年任教授。1808 年任法国经度局天文学家。1809 年巴黎理学院成立，泊松任该校数学教授。

图 9-3　泊松

① 李心灿：《微积分的创立者及其先驱》，184－186 页，北京，高等教育出版社，2002。

1812 年当选为巴黎科学院院士。泊松的科学生涯开始于研究微分方程及其在摆的运动和声学理论中的应用。他工作的特色是应用数学方法研究各类物理问题，并由此得到数学上的发现。他对积分理论、行星运动理论、热物理、弹性理论、电磁理论、位势理论和概率论都有重要贡献。他还是 19 世纪概率统计领域里的卓越人物。他改进了概率论的运用方法，特别是用于统计方面的方法，建立了描述随机现象的一种概率分布——泊松分布。他推广了大数定律，并导出了在概率论与数理方程中有重要应用的泊松积分。

数学活动

请同学们结合所学习的概率知识，找一找在生活中概率都有哪些应用，并将你找到的概率在生活中的应用与同伴分享。你能否用所学的概率知识加以解释？如果不能，请自己进一步查找相关资料并与同伴和数学老师一起探讨。

第 10 单元 · 统　计

10.1　用样本估计总体

10.1.1　总体取值规律的估计

知识要点

笔　记

1. 画频率直方图步骤如下。

(1)求极差(即一组数据中最大值与最小值的差)。

(2)决定组距与组数。组距与组数的确定没有固定标准，需要一个尝试与选择的过程。通常组数与样本容量有关，一般样本容量越大，所分的组数越多。为了方便起见组距选择应力求“取整”。

(3)数据分组。通常对组内数值所在区间取左闭右开区间，最后一组取闭区间。

(4)列频率分布表。落在各小组内的数据的个数叫作频数，每小组的频数与数据总数的比值叫作这一小组的频率。要计算各小组频率并列出频率分布表。

(5)画频率直方图。依据频率分布表画频率直方图，横轴表示分组，纵轴表示频率与组距的比值，其相应组距上的频率等于该组上的小长方形的面积，即

$$每个小长方形的面积=组距\times\frac{频率}{组距}=频率。$$

2. 频率直方图以面积的形式反映了样本数据落在各个组内的频率大小，各个小长方形面积的总和等于 1. 借助频率直方图能得到样本观测数据的频

率分布，并据此估计出总体的取值规律。

典型例题

例　通过抽样我们获得了100户居民某年的月平均用水量(单位：t)如表10-1。

表 10-1

3.1	2.5	2.0	2.0	1.5	1.0	1.6	1.8	1.9	1.6
3.4	2.6	2.2	2.2	1.5	1.2	0.2	0.4	0.3	0.4
3.2	2.7	2.3	2.1	1.6	1.2	3.7	1.5	0.5	3.8
3.3	2.8	2.3	2.2	1.7	1.3	3.6	1.7	0.6	4.1
3.2	2.9	2.4	2.3	1.8	1.4	3.5	1.9	0.8	4.3
3.0	2.9	2.4	2.4	1.9	1.3	1.4	1.8	0.7	2.0
2.5	2.8	2.3	2.3	1.8	1.3	1.3	1.6	0.9	2.3
2.6	2.7	2.4	2.1	1.7	1.4	1.2	1.5	0.5	2.4
2.5	2.6	2.3	2.1	1.6	1.0	1.0	1.7	0.8	2.4
2.8	2.5	2.2	2.0	1.5	1.0	1.2	1.8	0.6	2.2

试用频率直方图分析该地居民月平均用水量的分布情况。

分析　根据表格中100个样本数据可以画出频率直方图，从而估计出该地居民月平均用水量的分布情况，即用样本估计总体的基本思想。

解　根据画频率直方图的步骤：

(1)计算极差 $4.3-0.2=4.1$；

(2)将组距取为0.5，则 $\frac{4.2}{0.5}=8.4$，取组数为9；

(3)将数据分为 $[0, 0.5)$，$[0.5, 1)$，$[1, 1.5)$，$[1.5, 2)$，$[2, 2.5)$，$[2.5, 3)$，$[3, 3.5)$，$[3.5, 4)$，$[4, 4.5]$。

(4)列出频率分布表(如表10-2)；

表 10-2

分组	频数	频率
[0, 0.5)	4	0.04
[0.5, 1)	8	0.08
[1, 1.5)	15	0.15
[1.5, 2)	22	0.22

续表

分组	频数	频率
[2，2.5)	25	0.25
[2.5，3)	14	0.14
[3，3.5)	6	0.06
[3.5，4)	4	0.04
[4，4.5]	2	0.02
合计	100	1.00

(5)画出频率直方图(如图 10-1)。

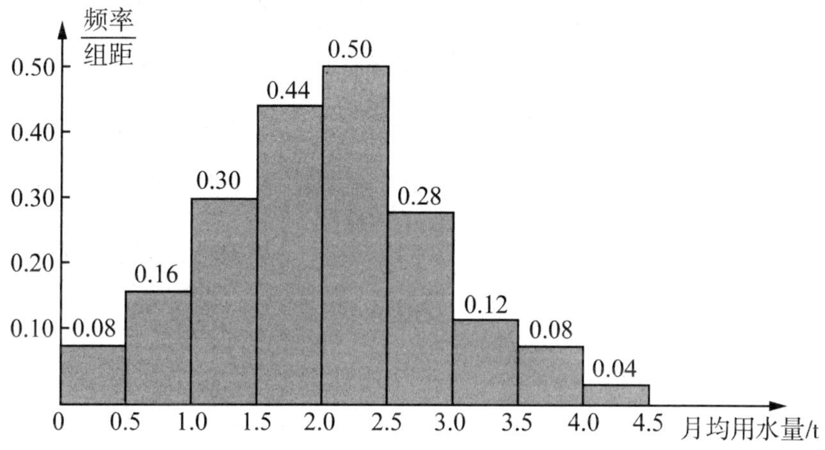

图 10-1

我们可以根据频率直方图估计出用水量在[4，4.5]内的居民最少，多数居民的用水量在[1，3)内，用水量在[2，2.5)内的居民最多。

基础训练

改错与反思

1. 一个容量为 20 的样本数据，分组及各组的频数如下：[10，20)，2；[20，30)，3；[30，40)，4；[40，50)，5；[50，60)，4；[60，70]，2. 则样本在区间[20，60)内的频率是(　　)。

A. 0.5　　B. 0.6　　C. 0.7　　D. 0.8

2. 为了解某年级女生的身高情况，抽出 20 名女生进行测量，结果如下(单位：cm)：

149　159　142　160　156　163　145　150　148　151

156　144　148　149　153　143　168　168　152　155

在列样本频率分布表的过程中，如果设组距为 4 cm，那么组数为(　　)。

A. 4　　B. 5　　C. 6　　D. 7

3. 为了解某校学生的身高情况，抽查该校 120 名学生的身高绘制成如图所示的频率直方图，则抽查的 120 名学生中身高大于或等于 98 cm 且小于 104 cm 的有(　　)。

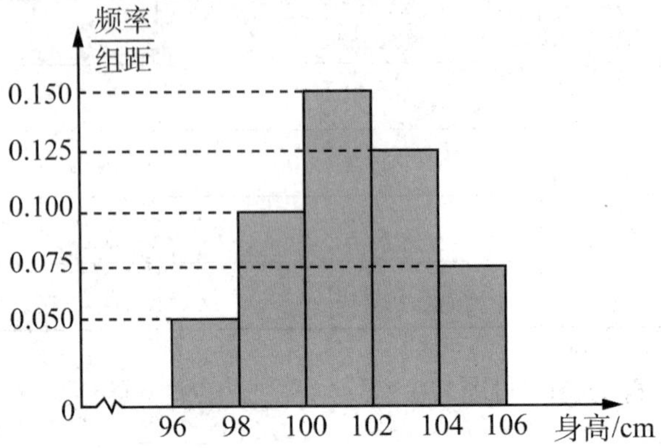

第 3 题图

A. 90 名　　B. 75 名　　C. 65 名　　D. 40 名

4. 在样本频率直方图中，一共有 $n(n\in\mathbf{Z},\ n\geqslant 4)$ 个小矩形，第 4 个小矩形的面积等于其余 $(n-1)$ 个小矩形面积和的 $\frac{3}{7}$，若样本容量为 100，则第 4 组的频数是(　　)。

A. 30　　B. 25　　C. 20　　D. 10

5. 为了解一年级学生的体能情况，某校抽取部分一年级学生进行 1 min 跳绳次数测试，将所得数据整理后，画出频率直方图(如图)，图中从左到右各小长方形面积之比为 2∶4∶17∶15∶9∶3，第二小组的频数为 12。

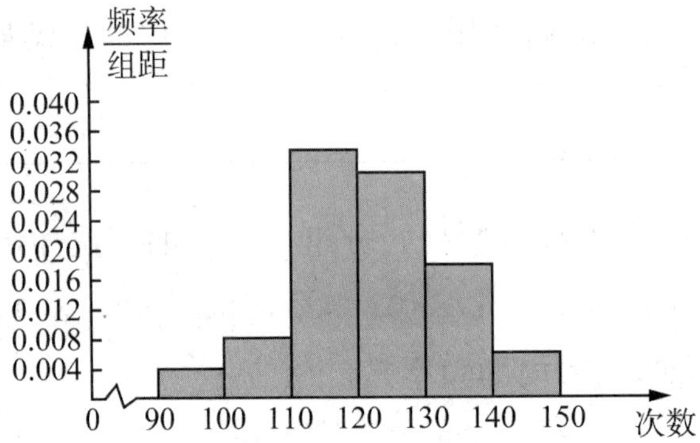

第 5 题图

(1)第二小组的频率是________，样本容量是________。

(2)若次数在 110 以上(含 110)为优秀，则样本中达不到优秀的学生人数是________。

6. 为了加强职业学校学生实践创新能力和团队精神的培养，某市教育局将举办全市职业学校学生创新知识竞赛。某校举行选拔赛，共有 200 名学生参加，为了解成绩情况，从中抽取50名学生的成绩(得分均为整数，满分为100分)进行统计，请你根据尚未完成的频率分布表(表10-3)解答下列问题：

表 10-3

分组	频数	频率
[60.5, 70.5)	a	0.26
[70.5, 80.5)	15	c
[80.5, 90.5)	18	0.36
[90.5, 100.5]	b	d
合计	50	e

(1)求 a，b，c，d，e 的值；

(2)作出频率直方图。

提高训练

为了解某市家庭用电量的情况，该市统计局调查了100户居民去年的月平均用电量，发现他们的月用电量都在50～350 kW·h，进行适当分组后，画出频率直方图如图所示。

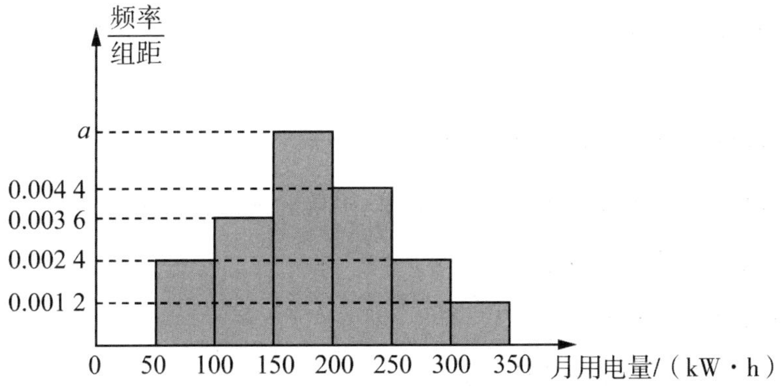

提高训练题图

(1)求 a 的值；

(2)求被调查用户中，用电量大于 250 kW·h 的户数；

(3)为了既满足居民的基本用电需求，又提高能源的利用效率，市政府计划采用阶梯定价，希望使 80% 的居民缴费在第一档(费用最低)，请给出第一档用电标准的建议，并简要说明理由。

10.1.2　总体集中趋势的估计

知识要点

笔　记

1. 众数、中位数、平均数

平均数：一组数据的总和除以这组数据的个数所得到的商叫作这组数据的平均数；中位数：将一组数据按大小顺序排列，处在最中间位置的一个数或最中间位置的两个数的平均数叫作这组数据的中位数；众数：在一组数据中重复出现次数最多的数叫作这组数据的众数。

2. 总体集中趋势的估计

平均数、中位数和众数等都是刻画"中心位置"的统计量，它们从不同角度刻画了一组数据的集中趋势。

一般地，对数值型数据(如用水量、身高、收入、产量等)集中趋势的描述常用平均数、中位数，对分类型数据(如校服规格、性别、产品质量等级等)集中趋势的描述常用众数。

典型例题

例 1　已知某工厂有 10 名工人在生产同一型号零件，生产的零件数分别是 16，18，15，11，16，18，18，17，15，13，设其平均数为 a，中位数为 b，众数为 c，则有(　　)。

A. $a>b>c$　　B. $a>c>b$　　C. $c>a>b$　　D. $c>b>a$

分析　利用平均数、中位数、众数的定义可以直接求 a，b，c。

解　由题意得 $a=\frac{1}{10}(16+18+15+11+16+18+18+17+15+13)=$

$\frac{157}{10}=15.7$，中位数为 16，众数为 18，即 $b=16$，$c=18$，则 $c>b>a$。

例 2 某公司 33 名职工的季度奖金如表 10-4 所示。

表 10-4

人数	1	1	2	1	5	3	20
季度奖金/元	5 500	5 000	3 500	3 000	2 500	2 000	1 500

(1)求该公司职工季度奖金的平均数、中位数、众数(精确到整数)；

(2)假设将表中的 5 000 元提升到 20 000 元，5 500 元提升到 30 000 元，求提升后的平均数，中位数、众数(精确到整数)；

(3)你认为哪个统计量更能反映该公司员工的季度奖金情况，结合此问题谈一谈你的看法。

分析 借助表格中的数据求出公司职工季度奖金的平均数、中位数、众数，进而能反映出该公司员工的季度奖金情况。

解 (1)平均数是

$\bar{x}=1\,500+\frac{1}{33}\times(4\,000+3\,500+2\,000\times2+1\,500+1\,000\times5+500\times3+0\times20)\approx1\,500+591=2\,091$(元)。

中位数是 1 500 元，众数是 1 500 元。

(2)新的平均数是

$\bar{x}'=1\,500+\frac{1}{33}\times(28\,500+18\,500+2\,000\times2+1\,500+1\,000\times5+500\times3+0\times20)\approx1\,500+1\,788=3\,288$(元)。

新的中位数是 1 500 元，新的众数是 1 500 元。

(3)中位数或众数均能反映该公司员工的季度奖金情况。因为公司中少数人的季度奖金与大多数人的季度奖金差别较大，导致平均数与中位数、众数偏差较大，所以平均数不能反映该公司员工的季度奖金情况。

基础训练

改错与反思

1. 一组观察值 4，3，5，6 出现的次数分别为 3，2，4，2，则该样本的平均值为(　　)。

A. 4.55　　B. 4.5　　C. 12.5　　D. 1.64

2. 某校一年级 8 个班参加合唱比赛的得分如下：91　89　90　92　94　87　93　96。这组数据的中位数和平均数分别是(　　)。

A. 91 和 91.5　　B. 91.5 和 92　　C. 91.5 和 91.5　D. 92 和 92

3. 某鞋店试销一款新型女鞋，销售情况如表 10-5 所示。

表 10-5

鞋号	34	35	36	37	38	39	40	41
日销量/双	2	5	9	16	9	5	3	2

如果你是鞋店经理，那么下列统计量中对你来说最重要的是(　　)。

A. 平均数　　B. 最大数　　C. 中位数　　D. 众数

4. 一组数据 1，10，5，2，x，2 且 $2<x<5$，若该组数据的众数是中位数的$\frac{2}{3}$，则该数据的平均数为(　　)。

A. 3　　B. 4　　C. 4.5　　D. 5

5. 某职业学校从二年级甲、乙两个班中各选出 10 名学生参加技能大赛，他们取得的成绩从低到高排列如下。

甲班：74　75　76　81　84　m　88　92　97　98

乙班：79　79　80　82　83　n　91　91　96　98

其中甲班学生成绩平均分是 85，乙班学生成绩中位数是 86，则 $m+n$ 的值为________。

6. 已知一组数据丢失了其中一个，另外六个数据分别是 10，8，8，11，16，8。若这组数据的平均数、中位数、众数依次成等差数列，则丢失数据的所有可能值的和为________。

7. 在一次职业学校学生田径运动会上，参加男子跳高的 17 名运动员的成绩如表 10-6 所示。

表 10-6

成绩/m	1.50	1.60	1.65	1.70	1.75	1.80	1.85	1.90
人数	2	3	2	3	4	1	1	1

分别求这些运动员成绩的众数、中位数与平均数。

提高训练

某职业学校甲班、乙班各有 49 名学生，两班在一次数学测验中的成绩(满分 100 分)统计如表 10-7 所示。

表 10-7

班级	平均分	众数	中位数
甲班	79	70	87
乙班	79	70	79

(1)请你对下面的一段话给予简要分析：甲班的小刚回家对妈妈说：“昨天的数学测验，全班平均 79 分，得 70 分的人最多，我得了 85 分，在班里算是上游了!”

(2)请你根据表中数据，对这两个班的测验情况进行简要分析并提出教学建议。

10.1.3　总体离散程度的估计

知识要点

笔记

1. 样本极差、方差和标准差

对样本数据 x_1，x_2，$\cdots x_n$，一组数据的最大值与最小值的差称为极差。

方差 $s^2=\frac{1}{n}[(x_1-\bar{x})^2+(x_2-\bar{x})^2+\cdots+(x_n-\bar{x})^2]$。

标准差 $s=\sqrt{\frac{1}{n}[(x_1-\bar{x})^2+(x_2-\bar{x})^2+\cdots+(x_n-\bar{x})^2]}$。

其中 n 是样本容量，$\bar{x}$ 是样本平均数。

2. 总体离散程度的估计

极差反映了一组数据变化的最大幅度，只使用了样本数据中最大和最小的两个值，所含的信息量很少。标准差和方差反映了一组数据围绕样本平均数波动的大小。在实际问题中，总体所包含的个体数是很多的，通常是用样本离散程度(极差、标准差、方差)去估计总体的离散程度。

典型例题

例 某职业学校拟派一名学生参加校际跳高比赛，为此对甲、乙两名学生进行了8次选拔比赛，他们的成绩(单位：m)如下。

甲：1.70，1.65，1.68，1.69，1.72，1.73，1.68，1.67；

乙：1.60，1.73，1.72，1.61，1.62，1.71，1.70，1.75.

预测跳高1.65 m就很可能获得冠军。该校为了获取冠军，可能选哪位选手参赛？若预测跳高1.70 m方可获得冠军呢？

分析 可通过对两组数据分别求平均数和方差来比较分析平均水平及其稳定性，合理选出参赛者。

解 甲的平均成绩和方差如下：

$$\overline{x}_{甲}=\frac{1}{8}(1.70+1.65+1.68+1.69+1.72+1.73+1.68+1.67)$$

$$=1.69,$$

$$s_{甲}^2=\frac{1}{8}[(1.70-1.69)^2+(1.65-1.69)^2+\cdots+(1.67-1.69)^2]$$

$$=0.000\ 6。$$

乙的平均成绩和方差如下：

$$\overline{x}_{乙}=\frac{1}{8}(1.60+1.73+1.72+1.61+1.62+1.71+1.70+1.75)$$

$$=1.68,$$

$$s_{乙}^2=\frac{1}{8}[(1.60-1.68)^2+(1.73-1.68)^2+\cdots+(1.75-1.68)^2]$$

$$=0.003\ 15。$$

由此可见，甲的平均成绩高于乙的平均成绩，而且甲的方差小于乙的方差，说明甲的成绩比乙稳定。由于甲的平均成绩高于乙，且成绩稳定，所以若跳高1.65 m就很可能获得冠军，应派甲参赛。

在这8次选拔赛中，乙有5次成绩在1.70 m以上，虽然乙的平均成绩不如甲，成绩的稳定性也不如甲，但成绩突破1.70 m的可能性大于甲，所以若跳高1.70 m方可获得冠军，应派乙参赛。

基础训练

改错与反思

1. 某学生2022年共参加10次专业技能模拟考试，成绩分别记为x_1，x_2，x_3，…，x_{10}，为研究该学生成绩的起伏变化程度，选用统计量(　　)

最为合适。

A. 平均数　　B. 标准差

C. 中位数　　D. 众数

2. 某市教体局将从甲、乙、丙、丁四人中选一人参加全省 100 m 仰泳比赛，他们最近集训的 10 次成绩(单位：s)的平均数与方差如表 10-8 所示，根据表中的数据，应选择(　　)参加全省比赛。

表 10-8

	甲	乙	丙	丁
平均数	59	57	59	57
方差	12	12	10	10

A. 甲　　B. 乙　　C. 丙　　D. 丁

3. 已知某 7 个数的平均数为 4，方差为 2，现加入一个新数据 4，此时这 8 个数的平均数为 $\bar{x}$，方差为 s^2，则(　　)。

A. $\bar{x}>4$，$s^2=2$　　B. $\bar{x}=4$，$s^2=2$

C. $\bar{x}>4$，$s^2<2$　　D. $\bar{x}=4$，$s^2<2$

4. 已知样本 7，8，9，x，y 的平均数是 8，方差是 2，则 $xy=$________。

5. 已知数据 x_1，x_2，…，x_{10} 的平均数为 2，方差为 3，那么数据 $2x_1+1$，$2x_2+1$，…，$2x_{10}+1$ 的平均数是________，方差是________。

6. 对甲、乙两名学生的学习成绩进行抽样分析，各抽 5 门功课，得到的观测值如表 10-9。

表 10-9

甲/分	60	80	70	90	70
乙/分	80	60	70	80	75

(1)甲、乙谁的平均成绩最好？

(2)通过计算方差或标准差来评价谁的各门功课发展较平衡。

提高训练

1. 甲、乙两人在相同条件下各射击 10 次，每次中靶环数情况如图所示。

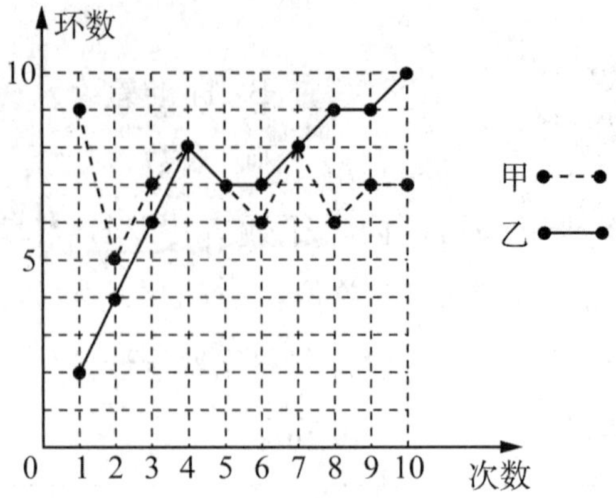

第 1 题图

(1)填写表 10-10(写出计算过程)。

表 10-10

数据	平均数	方差	命中 9 环及 9 环以上的次数
甲			
乙			

(2)从下列三个不同的角度对射击结果进行分析:

①从平均数和方差相结合看(分析谁的成绩更稳定);

②从平均数和命中 9 环及 9 环以上的次数相结合看(分析谁的成绩好些);

③从折线图上两人射击命中环数的走势看(分析谁更有潜力)。

数学窗

戈塞特

戈塞特(1876—1937)(图 10-2)是小样本统计理论的开创者。戈塞特在酿酒公司工作中发现,供酿酒的每批麦子质量相差很大,而同一批麦子中能抽样供试验的麦子又很少,每批样本在不同的温度下做试验,其结果相差很大。这样的话实际上取得的麦子样本不可能是大样本,只能是小样本。可是从小样本来分析数据是否可靠?误差有多大呢?小样本理论就在这样的背景下应运而

图 10-2　戈塞特

生。1905 年，戈塞特利用酒厂里大量的小样本数据写了第一篇论文《误差法则在酿酒过程中的应用》。

数学欣赏[①]

大数据

现在的社会是一个高速发展的社会，科技发达，信息流通，生活也越来越方便，大数据就是这个高科技时代的产物。

随着云时代的来临，大数据也吸引了越来越多的关注。大数据通常用来形容一个创造的大量非结构化和半结构化数据，这些数据在下载到关系型数据库用于分析时会花费过多时间和费用。

在现今的社会，大数据的应用越来越彰显它的优势，它占领的领域也越来越多，电子商务、O2O、物流配送等，各种利用大数据的领域正在协助企业不断地发展新业务，创新运营模式。有了大数据这个概念，消费者行为的判断、产品销售量的预测、精确的营销范围以及存货的补给已经得到全面的改善与优化。

大数据的精髓

大数据带给我们的三个颠覆性观念转变：不是随机样本，而是全体数据；不是精确性，而是混杂性；不是因果关系，而是相关关系。

A. 不是随机样本，而是全体数据：在大数据时代，我们可以分析更多的数据，有时候甚至可以处理和某个特别现象相关的所有数据，而不再依赖于随机采样(随机采样，以前我们通常把这看成理所应当的限制，但高性能的数字技术让我们意识到，这其实是一种人为限制)。

B. 不是精确性，而是混杂性：研究数据如此之多，我们可以不再热衷于追求精确度；之前需要分析的数据很少，所以我们必须尽可能精确地量化我们的记录，随着规模的扩大，对精确度的痴迷将减弱；拥有了大数据，我们不再需要对一个现象刨根问底，只要掌握了大体的发展方向即可，适当忽略微观层面上的精确度，会让我们在宏观层面拥有更好的洞察力。

C. 不是因果关系，而是相关关系：我们不再热衷于找因果关系，寻找因果关系是人类长久以来的习惯，在大数据时代，我们无须再紧盯事物之间的因果关系，而应该寻找事物之间的相关关系；相关关系也许不能准确地告诉我们某件事情为何会发生，但是它会提醒我们这件事情正在发生。

---

① 葛修文：《不可不知的社会学的 100 个故事》，108—110 页，青岛，青岛出版社，2008。

10.2　一元线性回归

10.2.1　样本线性相关关系

笔记

知识要点

1. 如果两个变量有关系，但又是不确定性的相互依存的关系，称这种关系为相关关系。

2. 样本数据中的有序数对都可用直角坐标系中的点表示出来，这些点组成的统计图叫作散点图。

3. 从整体上看，当一个变量的值增加时，另一个变量的相应值也呈现增加的趋势，我们就称这两个变量正相关；如果当一个变量的值增加时，另一个变量的相应值呈现减少的趋势，则称这两个变量负相关。

4. 一般地，如果两个变量的取值呈现正相关或负相关且散点的分布大致落在一条直线的附近，就称这两个变量线性相关。通常把研究两个变量之间的线性相关关系称为一元线性回归分析。

典型例题

例 1　表 10-11 是某小卖部 6 天卖出热茶的杯数与当天气温的对比表：

表 10-11

气温/℃	25	18	12	10	4	0
热茶杯数	18	30	37	35	50	54

(1)根据表中的数据画出散点图；

(2)你能从散点图中发现气温与热茶杯数近似呈什么关系吗？

分析　根据表格中的数据准确作出散点图，我们容易判断出气温与热茶杯数是否具有线性关系。

解　(1)根据表中的数据画出某小卖部 6 天卖出热茶的杯数与当天气温的散点图。(如图 10-3)

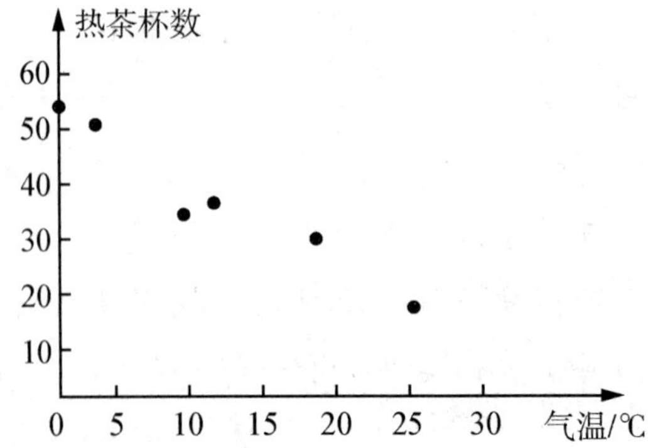

图 10-3

(2)从散点图上可以看出气温

与卖出的热茶杯数近似地成线性关系。说明了当气温越高时，所卖出的热茶的杯数就越少。

例 2 下列两个变量之间具有相关关系的是________。

①正方形的边长 a 和面积 S；

②一个人的身高 h 和右手一拃长 x；

③真空中的自由落体运动其下落的距离 h 和下落的时间 t；

④一个人的身高 h 和体重 x。

分析 根据相关关系是表示两个变量之间有一定的关系，但不是确定的关系，直接判断即可。

解 对于①，正方形的边长 a 和面积 S 是函数关系，不是相关关系；对于②，一般情况下，一个人的身高 h 和右手一拃长 x 是正相关关系；对于③，真空中的自由落体运动其下落的距离 h 和下落的时间 t 是函数关系，不是相关关系；对于④，一般情况下，一个人的身高 h 和他的体重 x 是正相关关系。故答案是②④。

基础训练

改错与反思

1. 对变量 x，y 有观测数据 $(x_i, y_i)(i=1, 2, \cdots, 10)$，其散点图如图(1)所示；对变量 u，v 有观测数据 $(u_i, v_i)(i=1, 2, \cdots, 10)$，其散点图如图(2)所示，由这两个散点图可以判断(　　)。

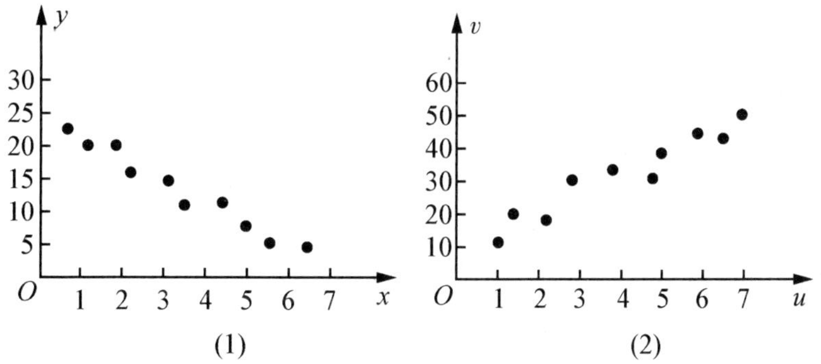

第 1 题图

A. 变量 x 与 y 呈正相关，u 与 v 呈正相关

B. 变量 x 与 y 呈正相关，u 与 v 呈负相关

C. 变量 x 与 y 呈负相关，u 与 v 呈正相关

D. 变量 x 与 y 呈负相关，u 与 v 呈负相关

2. 观察下列四个散点图，两变量具有线性相关关系的是(　　)。

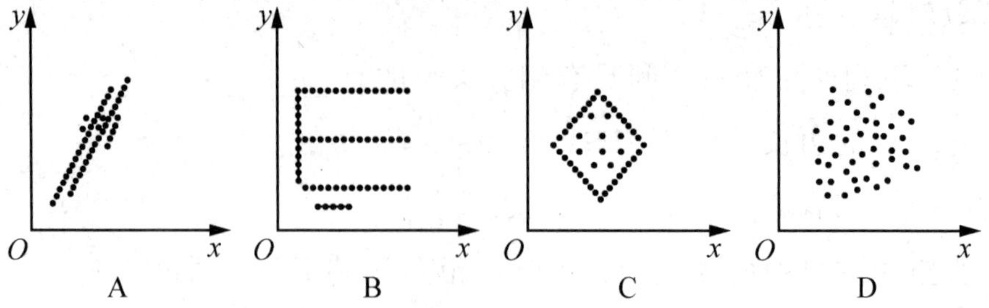

第 2 题图

3. 下面的变量之间具有相关关系的是(　　)。

A. 出租车费与行驶的里程　　B. 房屋面积与房屋价格

C. 身高与体重　　D. 实心铁块的大小与质量

4. 给出 x，y 值的数据如表 10-12。

表 10-12

y	3	5	9	17
x	1	2	4	8

则根据数据可以判断 x 和 y 的关系是________(填“确定关系”“相关关系”或“没有关系”)。

5. 某公司利润 y(单位：千万元)与销售总额 x(单位：千万元)之间有如表 10-13 所示对应数据：

表 10-13

x	10	15	17	20	25	28	32
y	1	1.3	1.8	2	2.6	2.7	3.3

(1)画出散点图；

(2)判断 y 与 x 是否具有线性相关关系。

提高训练

1. 对某种珍稀动物胚胎的生长进行研究，测得 9～20 日龄动物的胚胎的质量如表 10-14 所示。

表 10-14

日龄/天	9	10	11	12	13	14
胚重/g	1.656	2.662	3.100	4.579	6.518	7.486
日龄/天	15	16	17	18	19	20
胚重/g	9.948	14.522	15.610	19.914	23.736	26.472

(1)作出这些数据的散点图；

(2)关于这两个变量的关系，你能得出什么结论？

10.2.2 一元线性回归模型及其应用

知识要点

笔 记

1. 一元线性回归模型

我们用 x 表示解释变量，y 表示响应变量，e 表示随机误差，假定随机误差 e 的均值为 0，方差 σ^2 是与解释变量 x 无关的定值，则它们之间的关系可以表示为 $\begin{cases} y=bx+a+e, \\ E(e)=0,\ D(e)=\sigma^2, \end{cases}$ 称此关系为 y 关于 x 的一元线性回归模型。

2. 一元线性回归方程

(1)最小二乘法：求回归直线使得样本数据的点到它的距离的平方和最小的方法叫作最小二乘法；

(2)一元线性回归方程：方程 $y=\hat{b}x+\hat{a}$ 是两个具有线性相关关系的变量的一组数据 $(x_1,\ y_1)$，$(x_2,\ y_2)$，…，$(x_n,\ y_n)$ 的回归方程，其中 $\hat{a}$，$\hat{b}$ 的最小二乘估计分别为

$$\hat{b}=\frac{\sum_{i=1}^{n}(x_i-\bar{x})(y_i-\bar{y})}{\sum_{i=1}^{n}(x_i-\bar{x})^2}=\frac{\sum_{i=1}^{n}x_iy_i-n\bar{x}\bar{y}}{\sum_{i=1}^{n}x_i^2-n\bar{x}^2},\ \hat{a}=\bar{y}-\hat{b}\bar{x}。$$

(3)求一元线性回归方程的一般步骤：①作出散点图(由样本点是否呈

条状分布来判断两个量是否具有线性相关关系)；②若存在线性相关关系，计算出 $\bar{x}$，$\bar{y}$，$\sum_{i=1}^{n} x_i^2$，$\sum_{i=1}^{n} x_i y_i$ 的值，求回归系数 $\hat{a}$，$\hat{b}$；③写出一元线性回归方程 $\hat{y}=\hat{b}x+\hat{a}$，并利用此方程进行预测说明。

典型例题

例 1　某科研型企业，每年都对应聘入围的大学生进行体检，其中一项重要指标就是身高与体重比，每年入围大学生体重 y(单位：kg)与身高 x(单位：cm)基本都具有线性相关关系。根据今年的一组样本数据 $(x_i，y_i)(i=1，2，\cdots，50)$，用最小二乘法建立的回归直线方程为 $\hat{y}=0.83x-85.71$，则下列结论中不正确的是(　　)。

A. y 与 x 具有正的线性相关关系

B. 回归直线方程过样本点的中心$(\bar{x}，\bar{y})$

C. 若某应聘大学生身高增加 1 cm，则其体重约增加 0.83 kg

D. 若某应聘大学生身高为 170 cm，则可断定其体重必为 55.39 kg

分析　根据一元线性回归方程分析 x 的系数为正则正相关；线性回归方程必过样本中心点；利用线性回归方程分析数据时只是估计值，与真实值存在误差。

解　由于线性回归方程中 x 的系数为 0.83，因此 y 与 x 具有正的线性相关关系，故 A 正确；线性回归方程必过样本中心点$(\bar{x}，\bar{y})$，故 B 正确；由线性回归方程中系数的意义知，x 每增加 1 cm，其体重约增加 0.83 kg，故 C 正确；当某大学生的身高为 170 cm 时，其体重估计值是 55.39 kg，而不是具体值，故 D 不正确。故选 D。

例 2　表 10-15 提供了某厂节能降耗技术改造后生产甲产品过程中记录的产量 x(单位：吨)与相应的生产能耗 y(单位：吨标准煤)的几组对照数据：

表 10-15

x	3	4	5	6
y	2.5	3	4	4.5

(1)画出散点图；

(2)根据表 10-15 提供的数据，用最小二乘法求出 y 关于 x 的一元线性回归方程；

(3)已知该厂技术改造前 100 吨甲产品的生产能耗为 90 吨标准煤，试根据(2)求出的线性回归方程，预测生产 100 吨甲产品的生产能耗比技术改造前降低多少吨标准煤？

参考公式：回归方程系数的最小二乘估计分别为 $\hat{b}=\dfrac{\sum\limits_{i=1}^{n}x_iy_i-n\overline{x}\overline{y}}{\sum\limits_{i=1}^{n}x_i^{\ 2}-n\overline{x}^2}$，$\hat{a}=\overline{y}-\hat{b}\overline{x}$。

分析 (1)把所给的四对数据写成对应的点的坐标，在坐标系中描出来就可得到散点图；

(2)根据所给的这组数据求出回归方程的系数得到线性回归方程；

(3)根据线性回归方程计算 $x=100$ 时的生产能耗，求出比技术改造前降低的标准煤。

解 (1)把所给的四对数据写成对应的点的坐标，在坐标系中得到散点图。(图 10-4)

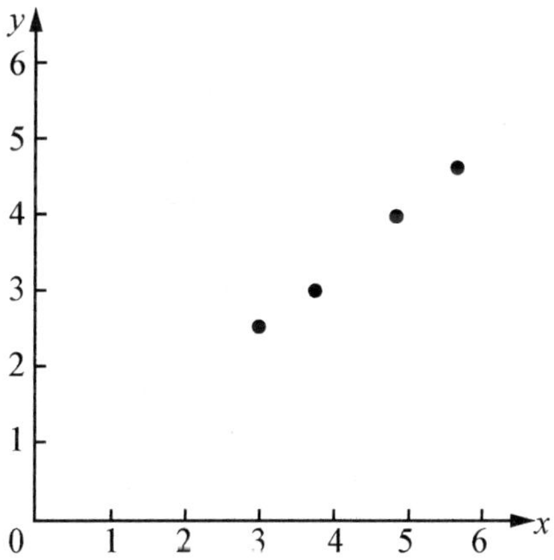

图 10-4

(2)由对照数据，计算得

$$\overline{x}=\frac{1}{4}\times(3+4+5+6)=4.5,$$

$$\overline{y}=\frac{1}{4}\times(2.5+3+4+4.5)=3.5,$$

$$\sum_{i=1}^{4}x_i^{\ 2}=3^2+4^2+5^2+6^2=86,$$

$$\sum_{i=1}^{4}x_iy_i=3\times2.5+4\times3+5\times4+6\times4.5=66.5,$$

则回归方程系数的最小二乘估计分别为

$$\hat{b}=\frac{66.5-4\times4.5\times3.5}{86-4\times4.5^2}=0.7,$$

$\hat{a}=3.5-0.7\times4.5=0.35$，

即所求线性回归方程为 $\hat{y}=0.7x+0.35$。

(3)由(2)的线性回归方程，估计生产 100 吨甲产品的生产能耗为 $0.7\times100+0.35=70.35$(吨)，所以 $90-70.35=19.65$(吨)，预测比技术改造前降低了 19.65 吨标准煤。

改错与反思

基础训练

1. 设一元线性回归方程为 $\hat{y}=3+1.2x$，则变量 x 增加 1 个单位时(　　)。

A. y 平均增加 1.2 个单位　　B. y 平均增加 3 个单位

C. y 平均减少 1.2 个单位　　D. y 平均减少 3 个单位

2. 根据如表 10-16 所示的样本数据，得到一元线性回归方程 $\hat{y}=\hat{b}x+\hat{a}$，则(　　)。

表 10-16

x	3	4	5	6	7	8
y	-3.0	-2.0	0.5	-0.5	2.5	4.0

A. $\hat{a}>0$，$\hat{b}>0$　　B. $\hat{a}>0$，$\hat{b}<0$

C. $\hat{a}<0$，$\hat{b}>0$　　D. $\hat{a}<0$，$\hat{b}<0$

3. 表 10-17 为某班 5 名学生身高 x(单位：cm)与体重 y(单位：kg)的数据：

表 10-17

身高 x	169	172	166	177	161
体重 y	75	80	70	85	65

若两个量之间的一元线性回归方程为 $\hat{y}=1.3x+m$，则 m 的值为(　　)。

A. -140　　B. 140　　C. 144.7　　D. -144.7

4. 甲公司从某年起连续 7 年的利润情况如表 10-18 所示：

表 10-18

第 x 年	1	2	3	4	5	6	7
利润 y/亿元	2.9	3.3	3.6	4.4	m	5.2	5.9

根据表中的数据可得一元线性回归方程为 $\hat{y}=0.5x+2.3$，则以下错误

的是(　　)。

A. $m=4.8$

B. 变量 x，y 呈正相关关系

C. 第 8 年的利润预计大约为 8.3 亿元

D. 第 6 个样本点的实际值比预测值小 0.1

5. 某商场为了了解毛衣的月销售量 y(单位：件)与月平均气温 x(单位:℃)之间的关系，随机统计了某 4 个月的月销售量与当月平均气温，其数据如表 10-19 所示：

表 10-19

月平均气温/℃	17	13	8	2
月销售量/件	24	33	40	55

由表中数据算出一元线性回归方程 $\hat{y}=\hat{b}x+\hat{a}$ 中的 $\hat{b}=-2$，气象部门预测下个月的平均气温约为 6 ℃，据此估计该商场下个月毛衣销售量约为________件。

6. 影响消费水平的原因是很多的，其中重要的一项是工资收入。表 10-20 是我国某地区 2016—2021 年职工平均工资与城镇居民消费水平(单位：万元)的数据：

表 10-20

年份	2016	2017	2018	2019	2020	2021
职工平均工资/万元	6.6	7.2	7.8	8.5	8.4	9.5
城镇居民消费水平/万元	4.1	5.0	5.2	6.3	5.8	6.6

以 x 表示职工平均工资，以 y 表示城镇居民消费水平，绘制如下散点图。

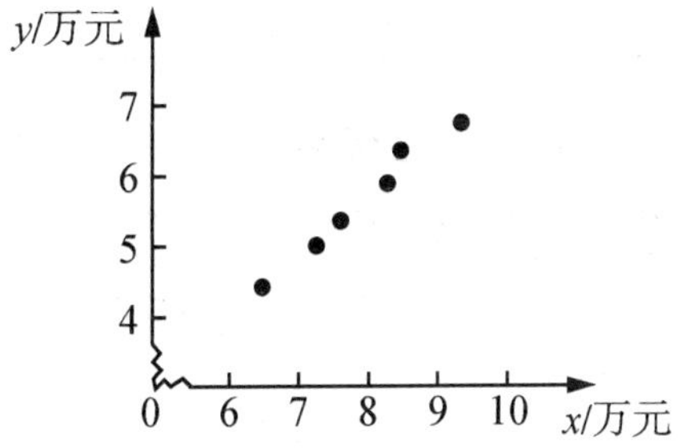

第 6 题图

(1)请写出从散点图发现的 y 与 x 之间关系的一般规律，并求出一元线

性回归方程(精确到 0.01)；

(2)请预测 2022 年的职工平均工资至少多少万元时，城镇居民消费水平才不少于 8.11 万元?

参考公式：回归方程系数的最小二乘估计分别为 $\hat{b}=\dfrac{\sum\limits_{i=1}^{n}x_iy_i-n\overline{x}\overline{y}}{\sum\limits_{i=1}^{n}x_i^2-n\overline{x}^2}$，$\hat{a}=\overline{y}-\hat{b}x$。

参考数据：$\sum\limits_{i=1}^{6}x_i^2=389.3$，$\sum\limits_{i=1}^{6}x_iy_i=268.59$，

提高训练

1. 某工厂对该厂某设备的使用年限 x(单位：年)和累计维护费用 y(单位：万元)进行统计分析，发现它们之间具有线性相关关系并得到表 10-21 所示的数据：

表 10-21

x/年	1	2	3	4	5
y/万元	2.8	4.2	5.6	6.8	8

(1)求累计维护费用 y 关于使用年限 x 的一元线性回归方程 $\hat{y}=\hat{b}x+\hat{a}$；

(2)已知该设备的进价为 34.42 万元，第 x 年该设备产生的收入为 $2(10-x)(x\in\mathbf{N}^*,x\leqslant10)$万元，根据(1)中所求的一元线性回归方程，求该设备产生的年平均利润的最大值。$\left(\text{利润}=\text{总收入}-\text{进价}-\text{维护费用，平均利润}=\dfrac{x\text{ 年的总利润}}{x}\right)$

参考公式：回归方程系数的最小二乘估计分别为 $\hat{b}=\dfrac{\sum\limits_{i=1}^{n}x_iy_i-n\overline{x}\,\overline{y}}{\sum\limits_{i=1}^{n}x_i^2-n\overline{x}^2}$，

$\hat{a}=\overline{y}-\hat{b}\overline{x}$。

参考数据：$\sum\limits_{i=1}^{5}x_i^2=55$，$\sum\limits_{i=1}^{5}x_iy_i=2.76$。

数学窗

切比雪夫①

切比雪夫(1821—1894)(图 10-5)，俄罗斯数学家、力学家。早年接受家庭教育，后毕业于莫斯科大学。1847 年始任彼得堡大学副教授。2 年后通过了博士论文《比较论》升为教授。切比雪夫在许多数学领域都作出了卓越贡献。他是函数构造理论的创始人，建立了用多项式逼近连续函数的理论，创立了新的数学分支。在数论方面，从本质上推进了素数分布问题的研究。他对有理逼近问题的研究在丢番图近似理论的发展中起了重要作用。

图 10-5　切比雪夫

数学欣赏

统计学的发展历程②

统计学是一门很古老的科学，一般认为其学理研究始于古希腊的亚里士多德时代，迄今已有 2 300 多年的历史。它起源于研究社会经济问题，在 2 000 多年的发展过程中，统计学至少经历了“城邦政情”“政治算数”和“统计分析科学”三个发展阶段。所谓“数理统计”并非独立于统计学的新学科，确切地说它是统计学在第三个发展阶段所形成的所有收集和分析数据的新方法的一个综合性名词。概率论是数理统计方法的理论基础，但是它不属于统计学的范畴，而属于数学的范畴。

统计学的发展过程经历了三个阶段。

第一阶段称之为“城邦政情”阶段。

“城邦政情”阶段始于古希腊的亚里士多德撰写“城邦政情”或“城邦纪

① 车荣强：《概率论与数理统计》，146－148 页，上海，复旦大学出版社，2012。
② 肖彦花，马知遥：《统计学》，1－4 页，长沙，国防科技大学出版社，2004。

要”。他一共撰写了150余种纪要，其内容包括各城邦的历史、行政、科学、艺术、人口、资源、财富等社会和经济情况的比较与分析，具有社会科学特点。“城邦政情”式的统计研究延续了2 000年，直至17世纪中叶才逐渐被“政治算数”这个名词所替代，并且很快被演化为“统计学”。统计学依然保留了“城邦”这个词根。

第二阶段称之为“政治算数”阶段。

与“城邦政情”阶段没有很明显的分界点，本质的差别也不大。“政治算数”的特点是统计方法与数学计算和推理方法开始结合。分析社会经济问题的方式更加注重运用定量分析方法。1690年，英国威廉·配第出版《政治算数》一书作为这个阶段的起始标志。威廉·配第用数字、重量和尺度将社会经济现象数量化的方法是近代统计学的重要特征。因此，威廉·配第的《政治算数》被后来的学者评价为近代统计学的来源，威廉·配第本人也被评价为近代统计学之父。

第三阶段称之为“统计分析科学”阶段。

在“政治算数”阶段出现的统计与数学的结合趋势逐渐发展形成了“统计分析科学”。19世纪末，欧洲大学开设的“国情纪要”或“政治算数”等课程名称逐渐消失，代之而起的是“统计分析科学”课程。当时的“统计分析科学”课程的内容仍然是分析研究社会经济问题。“统计分析科学”课程的出现是现代统计发展阶段的开端。1908年，戈塞特用“学生”的笔名发表了关于t分布的论文，这是一篇在统计学发展史上划时代的文章。它创立了小样本代替大样本的方法，开创了统计学的新纪元。现代统计学的代表人物首推比利时统计学家奎特莱，他将统计分析科学广泛应用于社会科学、自然科学和工程技术科学领域，因为他深信统计学是可以用于研究任何科学的一般研究方法。